Printed in the United States
By Bookmasters

التعلم النشط

الطبعة الأولى
1428هـ-2007م

المملكة الأردنية الهاشمية

رقم الإيداع لدى دائرة المكتبة الوطنية (2007/2/433)
رقم الاجازة المتسلسل لدى دائرة المطبوعات والنشر (2007/2/448)
تم اعداد بيانات الفهرسة والتصنيف الأولية من قبل دائرة المكتبة الوطنية

ISBN 978- 9957 - 02- 275 -4 (ردمك)

دار مجدلاوي للنشر والتوزيع
تليفاكس : ٥٣٤٩٤٩٧ - ٥٣٤٩٤٩٩
ص . ب ١٧٥٨ الرمز ١١٩٤١
عمان - الأردن

Dar Majdalawi Pub.& Dis.
Telefax: 5349497 - 5349499
P.O.Box: 1758 Code 11941
Amman- Jordan

www.majdalawibooks.com
E -mail: customer@majdalawibooks.com

الرزمة التدريبية للمعلمين في الوطن العربي (4)

حسين محمد حسنين

خبير تدريب المدربين

التعلم النشط

محتويات الكتاب

المقـدمـة

في صيف عام 2003م قام المؤلف بتنفيذ ثماني ورشات تدريبية تحت عنوان التعلم النشط شارك فيها مئتي معلم ومعلمة مثلوا خمسين مدرسة، من مدارس حكومية، وعسكرية، ووكالة غوث اللاجئين، ومؤسسة التدريب المهني، وقد نفذت الورش في محافظات اربد، والزرقاء، وعمان، ومعان، إضافة إلى مشاركين خمس من مديريات التربية والتعليم.

وقد جاءت فكرة هذه الورش، على أساس توفير فرصة لتبادل الخبرات بين المشاركين، ومناقشة عدد من الجوانب الفنية، المتعلقة بموضوع التعلم النشط، بصفته واحدا من الموضوعات المطروحة على الساحة التعليمية وقد نفذت الورش جميعها على أساس تشاركي بعيدا عن أسلوب المحاضرة التقليدية حيث عمل المشاركون في هذه الورش على أساس تنفيذ سلسلة من المهام التي صممها المؤلف بشكل فردي وجماعي، ثم عرض ومناقشة النتاجات التي كانوا يتوصلون إليها في جو ودي رسمي.

وقد قام برنامج (إنجاز لتهيئة الفرص الاقتصادية للشباب الأردني) بتمويل كلفة هذه الورش جميعها، من باب دعم ومساندة المعلمين والمعلمات الذين يعملون مع البرنامج بشكل طوعي في تنفيذ برامجه داخل المدارس التي يعملون أصلا فيها.

وقد تم تجميع كافة النتاجات التي أفرزتها هذه الورش وجرى معالجتها فنيا ونقدمها للقارئ العربي وللمتهمين والدارسين آملين أن يكون فيها ما ينفع ويفيد.

و الـلـه من وراء القصد

المؤلف

الفصل الأول

البرنامج التدريبي حول التعلم النشط

التعلم النشط
يتطلب معلم نشط وطالب نشط

برنامج ورشة التعلم النشط
(برنامج موحد لكل الورش)

الوقت	الفعاليات
من 8.30 حتى 9.00	تواجد المشاركين والتسجيل.
من 9.00 حتى 9.00	افتتاح - رصد توقعات - عرض ومناقشة الأهداف - قواعد السلوك.
من 9.00 حتى 11.00	فرشة نظرية عن مفهوم التعلم النشط - تحليل أركان الموقف التعليمي.
من 11.00 حتى 11.15	استراحة.
من 11.15 حتى 1.00	مجموعات عمل لأداء مهمات وأنشطة (استراتيجيات التعلم / الأدوات).
من 1.00 حتى 1.30	فترة تناول الغداء.
من 1.30 حتى 3.00	عرض لرزمة طرائق في التعلم النشط مع تطبيقات.
من 3.30 حتى 3.00	حوصلة واختتام.

القواعد السلوكية

قواعد سلوكية لضمان تعلم نشط

- الجميع للفرد والفرد للكل.
- كل شئ مهم وكل فرد مهم.
- المشاركة بأقصى درجة ممكنة.
- قبول ذاتي كعضو في جماعة.
- الوقت عامل حاسم.
- كل مساهمة هي مساهمة فاعلة، ولازمة.
- ممارسة فن الاستماع.
- أداء المهمات الموكلـة إلينا.
- القبول بالأدوار التي تناط بنا، وتبادلها.

الأدوار اللازمة

- موثق.
- كاسر جمود.
- ملاحظ عملية.
- موقت.
- مزود مواد.
- مساعد معلم.
- مقوم .
- موزع مجموعات.

نشاط تعارفي
جـولـة بـحـث سـريعـة

الاسـم

المهنـة

المطرب المفضل

شيء يكرهه بنفسه

كم يحمل من الفرد

الحيوان الذي يحبه

الأكلة المفضلة

اللون المفضل

أمنيــة

بعد المقابلة أكتب، فقرة وصفية عن شخصية من قابلت:

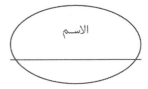

المهمات التي قدمت في ورش التعلم النشط

مهمة رقم (1) الوقت: (10) دقائق

أسئلة التعلم عن التعلم النشط

مع نهاية هذه المهمة تكون قد كتبت ما لا يقل عن (10) أسئلة حول التعلم النشط.

.1

.2

.3

.4

.5

.6

.7

.8

.9

.10

والآن وبعد أن كتبت أسئلتك تحدث إلى جارك، وناقش معه أسئلتك، واستمع إلى أسئلته.

ورشة عمل حول التعلم النشط

مهمة رقم (2)　　　　الوقت: (..10..) دقائق

معنى التعلم النشط من منظورك الذاتي

مع نهاية هذه المهمة، تكون قد حددت تعريفا للتعلم النشط من منظورك الذاتي، مستعينا بخبراتك في هذا المجال.

يمكنني تعريف التعلم النشط على النحو التالي:

ورشة عمل حول التعلم النشط

مهمة رقم (3) الوقت: (10) دقائق

عصف أفكار لمصطلحات

التعلـم النشـط	التعلـم غيـر النشـط

ورشة عمل حول التعلم النشط

أسلــوب MAT

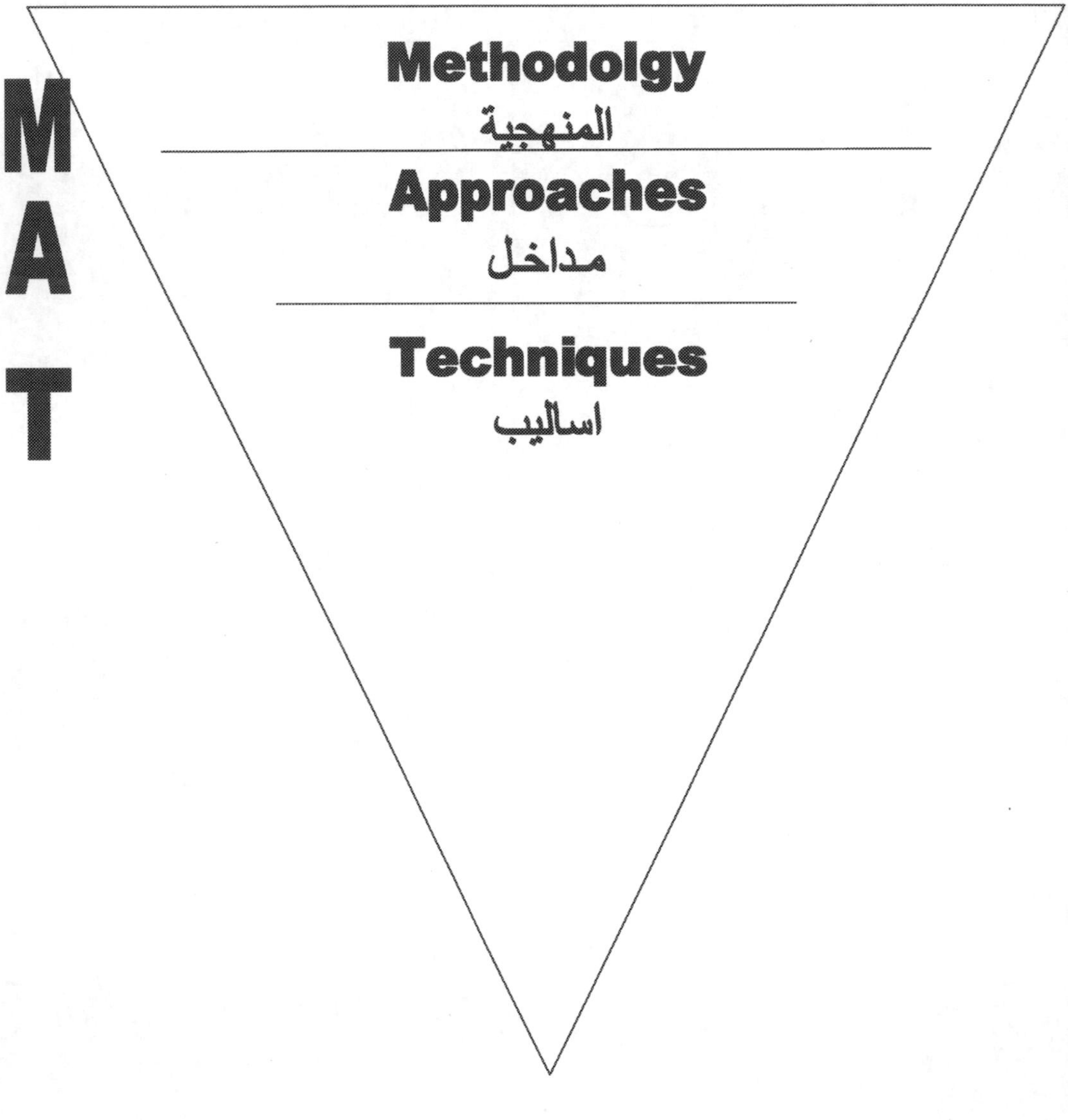

مسابقة

مصطلح مكون من مقطعين ومجموع حروفه سبعة

7	6	5	4		3	2	1

2 + 3 + 1 = بمعنى لطم أو ضرب.

7 + 6 = عمله يابانية.

4 = ذ

5 = هـ

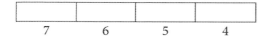

ورشة عمل حول التعلم النشط

مهمة رقم (4) الوقت: (10) دقائق

أدوات للتعلم النشط

يتوقع منك مع نهاية المهمة، أن تكون قد سردت أكبر مجموعة ممكنة من الأدوات التي من شأنها، إذا ما استخدمت أن تجعل من صف ما، صفا يوصف بالتعلم النشط.

1.
2.
3.
4.
5.
6.
7.
8.
9.
10.
11.
12.
13.
14.
15.
16.
17.
18.
19.
20.
21.
22.
23.
24.
25.
26.
27.
28.
29.
30.
31.
32.
33.
34.
35.
36.
37.
38.
39.
40.

ورشة عمل حول التعلم النشط

مهمة رقم (5) الوقت: 10 دقائق

التعلم غير النشط

مع نهاية هذه المهمة تكون قد رصدت (10) اشياء، عناصر ... الخ، إذا ما غيبتها عن الجو الصفي تكون بذلك، قد شرعت بتحويل الصف، من صف تعلم نشط، إلى صف تعلم غير نشط.

1

2

3

4

5

6

7

8

9

10

مسابقة
ورشة عمل حول التعلم النشط

صل بين مصطلح من على اليسار، مع مصطلح من على اليمين، لتشكل مصطلحا واحدا ذا دلالة في إطار التعلم النشط.

Brain	Problem
Group	Learning
Guest	Analysis
Field	Play
Case	Speaker
Role	Study
Task	Work
Active	Storming
Solving	Visit

تعريف "التعلم النشط"

إن العناصر التالية هي بشكل، - أو بآخر - العناصر التي تبني تعريفا للتعلم النشط.

1. الطلاب، أو المتدربين، يعملون عقولهم بالتفكير.
2. ويتدارسون الأفكار ويحلون المشاكل.
3. ويستخدمون المعرفة التي يتحصلون عليها.
4. ويسمعون، ويرون، ويلمسون، ويسألون، ويناقشون ما يتعلموه.
5. ويفعلون (يعملون الأشياء بأيديهم) ، ويجربون.
6. يعيشون التعلم بفرح، وضمن جو داعم وبيئة محفزة.
7. يقدمون المساعدة ويتلقونها من بعضهم.
8. يضربون الأمثلة ويربطون ما يتعلموه بواقع حياتهم.
9. يمارسون المهارات ويؤدون المهمات.
10. يقبلون بالمسؤوليات داخل الصف وخارجه.
11. يعملون ويتعلمون داخل الصف وخارجه.
12. يقبلون ببذل جهود إضافية في الصف، والبيت، والمدرسة، والمجتمع.

ورشة عمل حول التعلم النشط
حالة دراسية

مضى على انخراط مخلص، أكثر من خمس سنوات في سلك التعليم، وهو يدرس مادة اللغة العربية، يدخل مخلص إلى صفه، ويتجه إلى طاولته، ويجلس، يطلب الى الطلاب الهدوء، وفتح كراريسهم على الدرس.

يطلب الى أحدهم القراءة الجهرية، ويصوب بعض الأخطاء ... ويمضي الوقت. يصرخ الأستاذ مخلص بصوت عالٍ محاولاً إعادة الهدوء إلى الصف. ينهض مخلص، ويتمشى قليلاً، ويسأل التلاميذ عن من لديه سؤال، ثم سرعان ما يعود إلى الجلوس.

وفجأة يطلب الى التلاميذ إخراج ورقة، أنه اختبار سريع، يقدم سؤالين ويمنح الطلاب وقتاً ثم يجمع الأوراق، ينظر مخلص إلى الساعة لم يتبقى الكثير. عندها طلب أحد الطلاب أن يطرح سؤالاً، وافق مخلص وما أن بدأ الطالب بطرح السؤال حتى قرع الجرس . فغادر مخلص غرفة الصف، وهو يطلب إلى الطالب أن يطرح سؤاله في الحصة القادمة. "إلى اللقاء لا تنسى يا فلان سؤالك في الحصة القادمة".

الفرضيات التي يقوم عليها التعلم النشط

1. التعرض لخبرات متنوعة، فرصة ثمينة للمتعلم وهذا أفضل من الارتكان على طريقة واحدة فقط في التعلم.

2. النظام الرسمي في الصف، وجلوس المتعلم طيلة الوقت على المقعد يعني استخدام العقل فقط في التعلم، ويعني كذلك حرمان المتعلم من فرص التعلم عن طريق الحركة، والجسد، والحواس الأخرى .

3. المعلم الذي يستخدم نمطا واحدا، ومتكررا في التعليم، يعني أن المعلم يقدم فقط خبرات باتجاه معين، وخبرات من نوع واحد فقط.

4. الجو الصفي مجتمع صغير، وبإمكان كل من المعلم، والمتعلم، توظيفه ليس فقط كمكان لتقديم المحتوى وتعلمه، ولكن لأغراض أخرى عديدة كالبحث، وتبادل الخبرات.

5. تجديد الطاقة والحيوية جسديا، وذهنيا مسألة هامة (العقل السليم في الجسم السليم).

6. التغيير سمة العصر والعصر الذي نعيش يتسم بالسرعة، والتدفق المعلوماتي الأمر الذي يحتاج لهمة وعزيمة للتعايش معه.

الفصل الثاني

نتاجات عمل المشاركين في الورش التدريبية

تصنيف نتائج تمرين "إمـلأ الجرة "
(الرؤى المختلفة للتعلم النشط)

أولا": الرؤى الخاصة بالاستخدام والتوظيف الواسع للملموس.

- الأجهزة التعليمية.
- الوسائل التعليمية. والأدوات والمعينات.
- الحاسوب - (الإنترنت).
- توظيف "التكنولوجيا".
- المجلات والكتب والمناهج، والصحف، والأدلة.
- تكنولوجيا التعليم.
- الجوائز المادية (الصناعية) مثل: شهادة أو وسام ...الخ.
- لوازم تدريبية - قرطاسية - مواد مخبرية.
- مواد من البيئة.
- مصادر التعلم.

ثانيا: الرؤى الخاصة بالمشاركة والتفاعل الصفي.

- المشاركة بين المعلم والمتعلم.
- التعلم الجماعي.
- التعلم التفاعلي.
- التعلم التشاركي.
- التعلم الزمري.
- التعلم عن طريقة المجموعات.
- التعلم التعاوني.
- لعب الأدوار.
- الحوار.
- المناقشة.
- تبادل الخبرات.
- المهمات الجماعية.
- التمثيليات والمسرحيات.
- الألعاب الجماعية.
- أنشطة التعارف.
- طلاب يعلمون طلاب.
- مشروع جماعي.
- التعلم التساهمي.
- التعلم المتبادل.
- التعلم ضمن فرق.

ثالثا: الرؤى الخاصة بتنوع المهمات الصفية.

قراءة صامته	قراءة جهرية
مهمة فردية	مهمة ثنائية
المشاركة مع الآخرين	مهمات فردية
طرح اسئلة	تقديم اجابات
نشاط لامنهجي	نشاط منهجي
جلوس	حركة
حديث	استماع
سرعة أداء	وقت تمعن
تقديم مشكلة	حل مشكلة
تعلم	تعليم
تعلم فردي	تعلم ضمن مجموعة
مثير	استجابة
الانشداد	ارتخاء
بحث	
كسر جمود	

رابعا: الرؤى الخاصة بكسر الجمود.

- العروض الشيقة.
- مسابقات.
- تغيير أجواء الصف.
- ألعاب تعليمية.
- موسيقى.
- حركات حرة.
- تمارين رياضية.
- نكات خفيفة - وحزازير.
- رحلات.
- دعوة متحدثين.
- رسم وفنون.
- أنشطة للتعبير الحر.

خامسا: الرؤى الخاصة بالمراجعة والتقويم:

- التقويم المستمر.
- التغذية الراجعة.
- التقويم البنائي.
- التقويم الجاري.
- التقويم النهائي.
- محطات المراجعة.
- تقويم الأهداف بشكل دوري.
- الاختبارات بأنواعها.
- المراجعة الدورية.
- تقويم فوري.
- تقويم قبلي .
- تقويم بعدي.

سادسا: الرؤى الخاصة بالتسريع (السرعة):

- عصف أفكار.
- اختبارات سريعة.
- سرعة أداء.
- اسئلة سريعة.
- إجابات سريعة.
- تشكيل مجموعات.
- تفكير سريع.
- الكتابة السريعة.
- تحقيق أهداف.
- تقديم معلومات.
- عرض سريع للنتائج.
- حركات سريعة.

سابعا: الرؤى الخاصة بمجالات المهارات الذهنية والحركية:

- التحليل.
- المقارنات.
- التصنيف.
- التخطيط.
- الاستقصاء.
- حل المشكلات.
- البحث.
- التساؤل.
- التعبير.
- الاستنتاج.
- التخيل.
- الربط.
- التطبيق.
- التلخيص.
- التنسيق.
- التركيب.
- التهديف.
- التقويم.
- توليد الأفكار.

ثامنا: الرؤى الخاصة بالمتطلبات العامة لتوفير تعلم نشط:

- استعداد الطالب.
- تعاون الأهالي.
- تعاون الإدارة المدرسية.
- تعاون المجتمع المحلي.
- تعاون المدرسين.
- المناهج المبنية على حاجات.
- تعاون المشرفين.
- توفير المستلزمات المادية.
- حوافز للمعلمين.
- تقليل عدد الحصص الأسبوعية.
- تدريب المعلمين.
- توفير الأجهزة، والوسائط، والأدوات، والمعينات وغيرها.

تاسعا: الرؤى الخاصة بالمتطلبات المتعلقة بالمعلم ذاته:

- التحضير المسبق.
- اعتماد نماذج متطورة في إعداد حصص التعلم النشط.
- الايمان بدور الطالب، وإتاحة الفرصة له للمشاركة.
- حث الطلبة على المشاركة.
- استخدام طرق تدريس متنوعة.
- مراعاة الفروق الفردية.
- إدارة الوقت بشكل فاعل.
- تقبل الطلاب.

عاشرا: الرؤى الخاصة بمتطلبات عامة لضمان التعلم النشط:

- زيادة فرص التعلم الذاتي.
- بناء وتوضيح، وتقويم الأهداف التعليمية.
- توظيف طرق تعليمية متنوعة في الموقف الصفي، واستخدام عدة "استراتيجيات" كالتعلم من خلال اللعب وعصف الأفكار.
- البحث عن تقاطعات المنهاج، مع المناهج الدراسية الأخرى.
- الارتكاز على البيئة الخارجية.
- توظيف الأدوات الإعلامية ما أمكن كالمذياع، والصحف، والتلفاز ...الخ.
- الاستعانة بالموارد البشرية المتاحة من المجتمع المحلي.
- تقدير دور جميع الأطراف المعنية (المعلم، الطالب، الطلاب، الأهل، المجتمع المحلي .... الخ).
- مراعاة الفروق الفردية.
- التركيز على تنمية مهارات التفكير العليا عند الطالب.

- الإكثار من أنشطة التحليل، وتبادل الخبرات، والتجارب والأنشطة الخارجية.
- كسر الروتين عن طريق الخروج عن المألوف.
- التركيز على إدخال أنشطة إبداعية في الصف.
- عقد الورش، والدورات التدريبية للمعلمين في إطار التعلم النشط .
- ربط التعلم بحياة الطالب.
- تجهيز البيئة الصفية وإثرائها.

نتاجات عمل المعلمين على مهمة التوقعات من الورشة

أهلا وسهلا بكم إلى ورشة التعلم النشط . لا شك أنكم تحملون بعض التوقعات حول هذا الموضوع، ومن هنا نرجو نقل ما في أذهانكم من توقعات على هذه الورقة.

أتوقع من هذه الورشة ما يلي :-

1. معرفة مفهوم التعلم النشط .
2. تحديد متطلبات التعلم النشط.
3. تعلم عدد من المهارات الأساسية للتعلم النشط .
4. معرفة اثر التعلم النشط في تلبية احتياجات الطالب، وتعديل سلوكه.
5. أن أشارك بفاعلية في هذه الورشة .
6. التوصل إلى آراء محددة.
7. التوصل إلى معرفة متطلبات التعلم النشط.
8. طرح أسئلة وإجابات.
9. معرفة أساليب جديدة.
10. أن أعرف كيف أقوم التعلم النشط .
11. إفساح المجال لي لعرض أفكاري .
12. التعرف إلى أفكار، وأساليب جديدة للتوصل إلى المطلوب من هذه الورشة.
13. التعرف إلى خبرات جديدة من المتعلمين.
14. الأسس التي يرتكز عليها التعلم النشط.
15. أن أعرف كيف أحدد احتياجات المتعلم .
16. المشاركة والتشاور في المفهوم.

17. التعرف إلى اكثر من رأي واحد حول هذا المفهوم.
18. أن أعرف كيف أعالج الصعوبات التي قد تطرأ .
19. اكتساب مهارة التفكير السليم.
20. اكتساب مهارة كيفية الاستفادة من بعض الأفكار المتنوعة المطروحة.
21. طرح الأفكار بكل ثقة.
22. الاعتماد على النفس والثقة.
23. إثارة الإبداع عند الجميع.
24. اكتساب مهارة التعبير عن النفس.
25. تشويق ومتعه.
26. طرق التعلم النشط وأدواته.
27. إستراتيجية التعلم النشط.
28. أهداف التعلم النشط.
29. نتائج التعلم النشط.
30. أهمية ممارسة التعلم النشط.
31. أحدث الطرق الجديدة للتعلم.
32. التعلم عن طريق التكنولوجيا مثل: الحاسوب بدلا" من المعلم.
33. اعتماد الطالب على نفسه في التعلم.
34. إثارة التفكير.
35. كيفية التعلم النشط.
36. التبصر بإيجابيات وسلبيات التعلم النشط.
37. حصر وسائل التعلم النشط.
38. تحديد عناصر التعلم النشط.
39. معرفة شروط التعلم النشط.
40. عوامل التعلم النشط.
41. مبادئ التعلم النشط.

42. مفهوم التعلم النشط.
43. متطلبات التعلم النشط.
44. آلية تنفيذ التعلم النشط.
45. معوقات التعلم النشط.
46. توضيح وسائل وأدوات صفية للمساعدة في التعلم النشط.
47. اكتساب خبرات لتطبيق التعلم النشط.
48. تطبيق عملي لإجراءاته.
49. الموضوعات التي يمكن بحثها، وعرضها من خلال استخدام إستراتيجية التعلم النشط.
50. التدريب على التعلم.
51. النظريات التي تدعم مفهوم التعلم النشط.
52. التجارب السابقة التي تم عليها تطبيق هذا المفهوم.
53. هل كانت النتائج ضمن التوقعات بعد استخدام هذا الأسلوب؟
54. الأسلوب المتبع في التعلم النشط.
55. وسائل تعزيز التعلم النشط.
56. مفهوم عبارة التعلم النشط.
57. تطوير الأداء الذاتي.
58. كيف أنقل خبراتي إلى الطلبة؟.
59. كيف أجعل عملية التعليم عملية ممتعه للطالب؟
60. كيف أخلق جوا مرحا ؟.
61. تعلم أدوات ومفردات هذا التعلم.
62. التعرف إلى بعض الأنشطة والأساليب غير التقليدية.
63. التعرف إلى أهداف التعلم النشط.
64. تبادل الخبرات والسرعة، والإتقان في إنجاز العمل.
65. إعطاء تعريف عام ومحدد للتعلم النشط.

66. تحديد الصعوبات التي تواجه المشروع.
67. جعل العملية التعليمية أكثر متعة وتشويقا مما سبق.
68. تغيير الطرق التعليمية التقليدية واستبدالها بطرق حديثة.
69. التركيز على النمو الذهني للطالب.
70. استخدام الأساليب الفكرية التعليمية والابتعاد قدر الإمكان عن التقليد الأعمى.
71. إعداد المتعلم للتعلم بذاته وبشكل مستقل ليكون المتعلم محور العملية التعليمية.
72. العمل بشكل مجموعات ومشاركة جماعية.
73. التعلم بشكل غير مباشر.
74. الاستنتاج من العرض.
75. الوصول للأهداف من أجل جيل أفضل متطور.
76. مناقشة الخبرات للوصول إلى الأفضل.
77. التأثر والتأثير بالآخرين.
78. تقويم الأثر.
79. القدرة على اختبار عناصر قيادية.
80. تطوير عملية التعلّم الجماعي (التشاركي).
81. تطوير وسائل وأدوات جديدة.
82. تبادل وتنسيق الخبرات بين المعلمين.
83. حصر العقبات والمشكلات ووضع الحلول المناسبة لها.
84. تطوير أدوات ووسائل تعليمية جديدة للطالب.
85. الاستفادة من خبرات جديدة وتوقعات عالية.
86. المشاركة الفعالة بين المجموعات والتعلم الجماعي.
87. تحديث الأساليب التعليمية التعلمية واغنائها وإثرائها.

88. تمثل أهداف للتعلم النشط / إمكانية الخلق والإبداع والنمو الذهني.
89. إرساء قواعد واضحة للتعلم النشط وللطرائق والأساليب، التمييز بين التعلم والتعليم.
90. معرفة المعوقات وتجاوزها ومدى تحقيق الأهداف، والتصورات المستقبلية.
91. القدرة على خلق جيل فاعل نشط من قبل المعلم.
92. التعرف إلى الأنشطة غير التقليدية.
93. مراعاة الفروق الفردية.
94. قدرة المعلم على تنويع أسلوب وطريقة تحقيق الهدف من الحصة، أو الورشة مع المتعلم.
95. قدرة المعلم على إدارة الحوار بفاعلية وبنشاط متواصل.
96. التغذية الراجعة وطرق معالجتها.
97. الأساليب التقويمية البعدية والقبلية.
98. النشاطات المرافقة والبعدية للعمل.
99. نقل الفكرة إلى المتطوعين والمساندين.
100. التشجيع على أسلوب عصف الأفكار والأسئلة السابرة.
101. الابتعاد عن أسلوب المحاضرة والتلقين.
102. الاعتماد على حلقات نقاش، ومجموعات عمل.
103. أسهل الطرق لتوصيل المعلومة بشكل يسهل تعلمه.
104. كيفية تعامل المدرس مع الطلبة بسبب تنوع الفئات العمرية للمتعلمين.
105. عدم اقتران عملية التعلم بالحوافز بشكل أساسي، وإنما التعامل مع الموضوع حسب الرغبة.
106. أن أستطيع فيما بعد أن أطبق التعلم النشط في عملي.
107. أن أدرك فوائد التعلم النشط.
108. إعداد معلمين مؤهلين.
109. توصيات واقتراحات لصالح الطالب والمعلم.

110. أساليب محددة ومميزة.
111. مواقف معينة يلمسها المتعلم.
112. تجارب حياتية واقعية ملموسة.
113. تصورات مستقبلية وتوقعات.
114. الأساليب المناسبة للمدرسة في الأردن.
115. آلية نقل الأساليب وتوصيلها للمعلم.
116. الأسلوب الأمثل لتوصيل فكرة ما.
117. نقل أساليب التعلم النشط خارج المدرسة.
118. أساليب وطرق التعلم النشط.
119. طريقة التعامل مع كل أسلوب حسب الأشخاص، والمواقف، والمواضع .
120. فوائد التعلم النشط.
121. كيفية قياس نتائج التعلم النشط على الأشخاص الذين تتعامل معهم.
122. تفعيل التعلم النشط.
123. من هي الفئات المستهدفة لهذا النشاط.
124. الوقت المناسب.
125. معرفة الأدوات والطرق المستخدمة في التعلم النشط.
126. تعلم أشياء جديدة تساعد في عملية التعليم.
127. إعطاء دافعية للمتعلم.
128. اكتساب مهارة جيدة في إدارة الموقف التعليمي.
129. تطوير القدرات في مجال التعليم.
130. الإيمان بقدرة الطالب على الإنجاز.
131. الأسس التي يرتكز عليها التعلم النشط.
132. المهارات المطلوبة للمعلم.
133. الصعوبات ومتطلبات التعلم النشط.
134. إيجابيات وسلبيات التعلم النشط.

135. استراتيجيات التعلم النشط.
136. الأنشطة غير التقليدية في الصف.
137. إرساء مفهوم واضح ومحدد.
138. تمثل اهداف وقيم، وأنشطة تعلم نشط.
139. تبادل الخبرات.
140. السرعة والإتقان بالعمل.
141. الإبداع.
142. إضفاء أجواء غير تقليدية.
143. قياس مدى تحقيق الأهداف.
144. تحويل الموقف من تعليمي إلى تعلمي.
145. أدوار المعلم والمتعلم.

نتائج عمل المعلمين على معنى التعلم النشط من منظورك الذاتي

التعلم النشط:- مجموعة من الممارسات، والأساليب التي تعتمد على استخدام أساليب فعالة تجعل المتعلم عضو أساسي له دوره في عملية التعلم وبالتالي اكتساب المهارات.

التعلم النشط: هو عبارة عن أسلوب يستخدم لأثاره تفكير المتعلم بحيث يقوده إلى الاعتماد على النفس، واستخلاص الأفكار، وتنظيم الإجابات على الأسئلة المطروحة، أو الموضوع قيد البحث، ويعتبر من الأساليب الأكثر فاعلية عن غيره من الأساليب التقليدية.

التعلم النشط:- تنشيط لذهن الطالب لاستخراج الأهداف المطلوبة من الدرس بالاعتماد على نفسه، أو بمشاركة زملاءه فقط دون الحاجة إلى تدخل المعلم.

التعلم النشط تعاون مجموعة من الطلبة في الإجابة على سؤال، أو القيام بنشاط معين من خلال تبادل آرائهم، وخبراتهم، والخروج بإجابة موحدة تمثل جهدا" وقاسما" مشتركا" بين أعضاء المجموعة.

التعلم النشط:- التعلم الذي ينطلق من خبرات المتعلم ونشاطاته الذاتية، ومشاركة غيره من الطلاب بهذه الخبرات والبناء عليها.

التعلم النشط تفاعل بين المعلم والطالب عن طريق تبادل المعلومات وتعزيز جميع إستجابات الطلاب.

التعلم النشط: عبارة عن تعلم بعدة طرائق مدروسة وفعالة ترتكز على التعلم التشاركي وتحقيق نتائج إيجابية.

التعلم النشط: مشاركة فعالة بين المعلم والطلاب بحيث يتناوب المعلم والطلاب في الدور (الأخذ والعطاء).

التعلم النشط: عبارة عن تعلم بوسائل، وأنشطة مختلفة يتشارك فيها المعلم والمتعلم. وهو تعلم منظم ومدروس وله أهداف طويلة الأمد.

التعلم النشط: هو تعلم فعال تشاركي يقوم على أساس تبادل الأدوار ما بين المعلم والمتعلم، وينمي عند المتعلم نوع من التعلم الذاتي وعصف الأفكار واستخلاص النتائج، الوقوف على نقاط القوة والضعف للموضوع الذي تم مناقشته.

التعلم النشط: هو النشاط التعليمي الذي يمارسه المعلم، والطالب، داخل الغرفة الصفية، ضمن أساليب ونشاطات مخطط لها سابقا"، لتحقيق الأهداف الموضوعة لذلك ضمن الوقت المحدد.

التعلم النشط: إحدى طرق التعلم الذاتي والذي يعتمد على أساليب غير تقليدية مثل: عصف الأفكار، لعب أدوار، تمثيل، رسم...الخ بحيث يكتسب الطالب مهارات تعليمية جديدة تعتمد على أثارة أقصى طاقات التفكير والإبداع العقلي لدى الطالب مما ينمي جوانب مختلفة في شخصية الطالب مثل: الجوانب الاجتماعية، وتدعيم الذات.

التعلم النشط: هي طريقة حديثة من طرق التدريس تعتمد على إثارة تفكير الطالب، والاعتماد على الذات مع مشاركة الآخرين بالأفكار والمشاعر، ونتائجها

تنمية المهارات المكتسبة، والقيم الأخلاقية والدينية، وتوظيفها في حياته اليومية ، وأثارة الإبداع. وهو تسمية حديثة لطرق قديمة.

التعلم النشط: عبارة عن أساليب متدرجة من خلال أسئلة، وحوار للتوصل لمفهوم معين. استخدام المهارات الفردية الأساسية في التعلم للتوصل إلى مضمون مفهوم معين.

التعلم النشط: هو طرائق وأسئلة أساسية للوصول بالطالب إلى المفهوم عن طريق الكتابة، أو الرسم... الخ. للوصول إلى الهدف وربطه وتوظيفه في الحياة.

التعلم النشط التدرج في إعطاء أساليب مختلفة للتوصل إلى المطلوب.
التفاعل الذاتي مع هذه الأساليب.

التعلم النشط: هو عبارة عن طريقة من طرق التعلم، تعمل على حث الطالب على التفكير، وإثارة المعلومات لديه، والمشاركة مع الآخرين، والاعتماد على الذات، وطرح أساليب جديدة في كيفية تناول الأمور والإفادة منها.

التعلم النشط :هي طريقة حديثة من طرق التدريب تعمل على أثارة التفكير لدى الطالب وإكسابه مهارة الإبداع.

التعلم النشط: استخدام طرائق مختلفة للتعليم لتحقيق أفضل إنجاز.

التعلم النشط: استخدام مهارات وأدوات مختلفة من أجل تفعيل العملية التعليمية التعلمية ضمن خطوات مترابطة.

التعلم النشط: هو كل ما يدور في الغرفة الصفية بين الطالب والمعلم وبين الطلاب أنفسهم من نقاش ونشاط.

التعلم النشط : تفاعل صفي مستمر بين المعلم والطالب، دون ملل.

التعلم النشط: أداة فاعلة للتواصل، ونقل أثر التعلم، وبقاءه وتوظيفه في الحياة العملية .

التعلم النشط : عبارة عن أسلوب جديد في العملية التعليمية، يعمل على تبديد الروتين والتعلم بمتعة مما يترك أثرا كبيرا في نفوس المتعلمين، وبالتالي يؤدي إلى النتائج المطلوبة بفعالية كبيرة .

التعلم النشط : نوع من أنواع التعلم يهدف إلى إثارة تفكير المتعلم، والوصول به في النهاية إلى بر الأمان.

التعلم النشط : يعتبر التعلم النشط من طرائق التعلم الحديثة، المتبعة في مدارسنا، ويتطلب هذا النوع من التعلم، توفر مهارات محددة لدى المعلم والمتعلم في آن واحد.

التعلم النشط : هو تعلم يحرك الطالب ويفعله ويجعله دائما في حالة يقظة .

التعلم النشط : إثارة حماس الطالب نحو التعلم والمساهمة في عملية التعلم والتعليم ، ويساهم في ترسيخ المفاهيم التي وردت في الحصة .

التعلم النشط : هو نوع من التعليم يعتمد على تعدد الأنشطة والمهام التي يقوم فيها المعلم والطالب أثناء الحصة.

التعلم النشط : هو التعلم الدائم والمتواصل بين المعلم والطلاب ، وبين الطلاب أنفسهم ، بحيث يبقوا على اتصال دائم، وحركة مستمرة نحو الموضوع المتاح.

التعلم النشط : التعلم النشط يزيد من فاعلية الطالب، ويعمل على ربط العلاقة بين المعلم والمتعلم . وفيه نوع من الحركة والحماس بين المتعلمين . والسبب يعود لاستخدام عدد من الأدوات المتعددة داخل الحصة الواحدة .

التعلم النشط : يحتاج التعلم النشط إلى مجموعة من العناصر والأساليب، لتحقيقه، ولتفعيل دور الطالب .

التعلم النشط : التعلم النشط عن طريق التمثيل، والموسيقى يعطينا تعلما نشطا ويعطي دافعيه للطالب للإنتماء للحصة .

التعلم النشط : من أنواع التعليم الأكثر فاعلية ويترك أكبر الأثر ولمدى طويل.

التعلم النشط : أفضل أسلوب لتوصيل فكرة ما .

التعلم النشط : يساعد التعلم النشط الطالب من خلال الممارسة على زيادة الانتباه، والاستفادة من الموقف التعليمي المطلوب معرفته .

التعلم النشط : حفز الطالب " المتعلم " لتلقي، أو تعلم، أو إتقان مهارة بأسرع وقت ممكن وبأسهل الطرق مما يضمن فهمها واستيعابها بشكل جيد .

التعلم النشط : الأسلوب الناجح في إيصال المعلومة للمتلقي بأسرع وقت ممكن

ويتطلب سرعة وبديهة وابتكار من قبل المعلم .

التعلم النشط : أحد الوسائل الفاعلة، التي تفيد في خلق وتطوير عامل التعلم في ذهن المتعلم اعتمادا على قدراته الذاتية .

التعلم النشط : حركة - حرية - عصف أفكار - عمل وسيلة تعليمية ، تعبير عن الذات بصورة حرة ، وباستخدام الحواس في التعرف إلى الأشياء .

التعلم النشط : أسلوب من أساليب التعلم، يستخدم للوصول إلى حلول منطقية لحل المشكلات، ويحتاج إلى أدوات وأساليب مختلفة مثل:- الدقة في تحديد المشكلات، والمعرفة ، والربط بين الخبرات التعليمية .

التعلم النشط : أسلوب يستخدم للدخول إلى أفكار الطلاب، وسبر المعلومات الموجودة لديهم ، وهو يكشف عن مواهب وقدرات الطلاب .

التعلم النشط : يساهم في إلهام المتعلم، وتعزيز قدرته على إتباع أسلوب التعلم الذاتي وتطبيق ما تم تعلمه.

التعلم النشط: يراعي التعلم النشط ذاتية المتعلم وفرديته، ويضفي عليها أفقا واسعا في البحث عن المعلومة .

التعلم النشط : طريقة لإبقاء الذهن حاضرا لاستقبال المعلومة، بطريقة منظمة ومقبولة، والعمل على إبقاء الذهن متيقظا دائما .

التعلم النشط : نشاط فردي، أو جماعي خارج عن التقليد يهدف إلى تحقيق الهدف (التعلم).

التعلم النشط : هو التعلم الذي يغلب فيه دور المتعلم، على دور المعلم، بحيث يغلب دوره المباشر في التعليم على دوره غير المباشر، مما يرسخ المحتوى في ذهنه، حيث أنه شارك في ترسيخه .

التعلم النشط: نشاط فردي للتفاعل مع خبرات الآخرين ضمن الموقف التعليمي الواحد.

التعلم النشط: تفاعل المتعلم بشكل فاعل في الموقف التعليمي.

التعلم النشط: هو طريقة ممتعة لتعليم المتعلم، وخروجه من إطار الجمود.

التعلم النشط: هو التعلم الذي تنعكس فيه المعلومة على مجال الحياة لتثريه، أو لتنقده، أو لتعدل مساره، أو لتغيير المعلومة أن كانت مخالفة للواقع.

التعلم النشط: هو استخدام أدوات ووسائل لتكشف عن مستوى استيعاب المتعلم في وقت قليل.

التعلم النشط: هو تعلم تتحقق منه إيجابية المتعلم، حيث ينتقل دوره من التلقين إلى التفاعل الذي يكسبه العديد من المهارات المفيدة في تحقيق الأهداف.

التعلم النشط: هو تحقيق الهدف التعليمي بأقصر الطرق وبأقل الموارد.

التعلم النشط: هو عبارة عن التعلم السريع والمعتمد على الخبرات السابقة، وربطها بالمعلومات الجديدة مع إحداث تغييرات بسيطة عليها للحصول على نتيجة محددة.

التعلم النشط: يعتبر من أهم أنواع التعلم ويعتمد على أسس معينة تفيد في تلقي المعرفة بشكل سريع ويستخدم أساليب معينة حسب الموضوع.

التعلم النشط: هو عبارة عن تعلم تبادلي يعتمد على المتعلم والمعلم.

التعلُم النشط : توجه حديث نحو تنمية المعلم والمتعلُم معا للخروج من الإطار التقليدي.

التعلم النشط: هو التعلم المرتكز على "استراتيجيات" وأدوات من أجل الحصول على تعلم ذا قيمة وفاعلية.

التعلم النشط: وسيلة هادفة للتعليم قائمة على التفاعل والحوار والمناقشة، واستخدام الوسائل التي من شأنها تسهيل المهمة التعليمية.

التعلم النشط: هو مجموعة من الإجراءات الواقعية، التي يستخدمها المعلم الفاعل لتحقيق الأهداف من حيث اكتساب المعارف والمهارات.

التعلم النشط: استخدام بعض "استراتيجيات" التعلم التي تحفز الطلاب على المشاركة.

التعلم النشط: هو التعلم الذي من خلاله يتم تفعيل كافة الطاقات لتحقيق الأهداف المرجوة من خلالها.

التعلم النشط: عملية تفاعل الطالب برغبة مع الموقف الصفي وعلى نحو يعكس مدى تحقيق الهدف بشكل فردي.

التعلم النشط: هو التعلم الذي يبنى على النشاط الجسمي والعقلي مع بعضهما البعض، ونوع من أنواع التعلم المفيد والتي تبقى معلوماتها في ذهن الطالب إلى الأبد.

التعلم النشط: هي عملية استخدام الأدوات الحديثة، للوصول بأكبر عدد ممكن من الطلاب، لتحقيق الأهداف الدراسية للحصة الواحدة.

التعلم النشط: يعد أسلوب التعلم النشط من أساليب التعلم التي تعتمد على المشاركة الفاعلة بين المعلم والطالب والتي تقوم على إثارة التفاعل، وإضفاء جو الحركة على الحصة، ويكون ذلك من خلال بعض الأساليب والأدوات.

التعلم النشط: هو التعلم الذي يسعى لجعل الطالب قادر على إنجاز المهام بسرعة، وبصورة صحيحة دون علل.

التعلم النشط: أفضل وسيلة لإيصال المعلومة بالمفهوم السليم للمستمع من خلال استخدام الوسائل الحديثة والمتوفرة في مجال التطبيق.

التعلم النشط: مجموعة من الأدوات والمهارات المستخدمة داخل الصف وخارجه من أجل تحقيق الأهداف المطلوبة.

التعلم النشط: تفعيل دور الطالب في عملية التعلم. واستغلال أفضل طاقة للفرد في ظروف معينة.

التعلم النشط: هو التعلم الذي يرتكز على الحوار والمناقشة وتفعيل دور الطالب وذلك باستخدام الأدوات والأساليب لتحقيق الأهداف.

التعلم النشط: هو التعلم الذي يتم من خلاله استخدام بعض استراتيجيات التعلم التي تحفز الطلاب على المشاركة والتفاعل وإبداء الأفكار والاندماج.

التعلم النشط: أفضل وسيلة لإيصال المعلومة بالمفهوم السليم للمستمع، من خلال استخدام الوسائل الحديثة والمتوفرة في مجال التطبيق، لإنجاز مهام وواجبات معينة بعد توصيل الفكرة من مفهوم التعلم.

التعلم النشط: تعلم جماعي يهدف إلى تبادل الأفكار ويساعد على الابتكار الفردي وإدارة الصف بشكل متطور.

التعلم النشط: هو أسلوب تعلم فعال يصل فيه المتعلم إلى تحقيق تعلم جيد، ذو فعالية عالية بين المعلم والمتعلم على أسس دقيقة ومدروسة ومخطط لها.

التعلم النشط: مجموعة الأدوات والمهارات المستخدمة داخل الصف وخارجة، من أجل الوصول إلى الأهداف المطلوبة.

التعلم النشط: هو التعلم الذي يتيح للطالب التعبير عن أفكاره بشكل سريع بعيد عن الخجل ومتابعة من قبل المعلم وتصحيح ما ورد فيها من أخطاء إن وجدت.

التعلم النشط: هو عملية الاتصال التي تهدف إلى تطوير وصقل شخصية الطلاب، ومهاراتهم، وتفاعلهم البناء.

التعلم النشط: هو عملية إيصال معلومات نظرية، أو عملية بين أقطاب العملية التعليمية مع الأخذ بعين الاعتبار قدرات الفرد المتلقي أو المستمع، والعمل على رفع قدرته بأسرع وقت، وإشراكه في عملية المناقشة أو الأداء العملي والتحقق من مستوى الطالب في فترة قصيرة.

التعلم النشط: هو تعلم يكون فيه الطالب بدور فاعل وينتقل فيه المعلم من دور المعلم إلى دور المتعلم.

التعلم النشط : هو أسلوب جديد يستخدم في العملية التعليمية التعلمية، يعتمد على المتعلم أكثر من المعلم ويستخدم أدوات عديدة للوصول إلى المخرجات المناسبة.

التعلم النشط: هو التفاعل والمشاركة باساليب جديدة للحصول على أفضل النتائج.

التعلم النشط: هو طريقة جيدة تستخدم أساليب وطرائق من شأنها جعل المتعلم يرقي في عملية التعلم نحو الأفضل.

التعلم النشط: هو المقدرة على اكتساب المعارف والمعلومات والمهارات وذلك بالاعتماد اساسا على المتعلم مع توجيه للمعلم للحصول على الشيء المطلوب.

التعلم النشط: هو اداة يتم بها استخدام العصف الذهني للطالب بحيث يشترك جميع الطلاب في العمل.

التعلم النشط في العملية التربوية هو: استخدام المعلومات السابقة مع المعلومات الجديدة مع استخدام المدخلات بطريقة صحيحة.

التعلم النشط: هو عملية مستمرة للتفكير الجيد عند الطالب.

التعلم النشط: هو تعلم فعال مؤثر واضح ومثير يوصل للهدف.

التعلم النشط (4)

التعلم النشط: هو طريقة لوصل المعلم بالمتعلم بطريقة تعليمية بحيث يستند المعلم بطرق عدة على التعلم والقدرات المهارية كما تمكنه من مواكبة حركة العصر والعصف الذهني.

التعلم النشط: هو طريقة جيدة لإيجاد جيل مبتكر مبدع يستطيع الاكتشاف ومواكبة الواقع والقدرة على الاكتفاء والاعتماد على النفس وهو طريقة تجعل جميع الطلاب مشاركون مع وجود فروقات فردية.

التعلم النشط: هو تعلم لتحقيق أهداف معينة وهو ينبثق عن استراتيجية التعلم.

التعلم النشط: هو طريقة تعلم تقوم على طرح الأسئلة، والتجربة، والجهد الفردي، والعصف الذهني، والمطالعة وغيرها.

التعلم النشط: هو أحد طرائق التعلم يتخذ فيه التعلم منحى آخر يختلف عن أنواع التعلم الآخر من حيث الطرائق، والأدوات ويجعل العملية التعليمية اكثر مرونة وذات مخرجات أفضل.

التعلم النشط: هو ذلك التعلم الذي يؤدي إلى تعديل مرغوب في سلوك الطالب من خلال تلبية حاجات ورغبات الطلاب ضمن قدراتهم الفردية بما يحقق ذاتهم مع توافر العوامل المساعدة على التعلم النشط من ظروف بيئية ووسائل وأدوات معنية.

التعلم النشط: إستراتيجية للوصول إلى مخرجات وأهداف مخطط لها من خلال طرائق وأدوات مختلفة.

التعلم النشط: هو أحد طرق التعلم من خلال التفكير والتطبيق.

التعلم النشط: يعطي الطالب التفكير الحر، والاستنتاج، والربط بين المعلومات السابقة والحالية.

التعلم النشط: هي إحدى الطرق المستخدمة في التعلم، عن طريق إثارة تفكير الطلاب، واستخدام أدوات ووسائل.

التعلم النشط: طريقة لتحقيق الأهداف والاستراتيجيات لتحقيق هدف ما.

نتاجات عمل المعلمين،، على المهمة الخاصة بتحديد الأدوات التي يمكن استخدامها في مجال "التعلم النشط"، مضافا إليها أدوات أخرى من طرف المؤلف.

1 مجموعة الأدوات المرتكزة على خروج المتعلم من نطاق الغرفة الصفية.

تمثل هذه الأدوات كافة اشكال الخروج لتحقيق أهداف، أو أجزاء من أهداف التعلم.

- ✓ الرحلات التعليمية بأنواعها، ومنها الرحلات العلمية، والاستكشافية، والترفيهية الداخلية والخارجية.
- ✓ الجولات الدراسية .
- ✓ الزيارات الميدانية .
- ✓ إجراء البحوث الميدانية .
- ✓ الاعمال التطوعية .
- ✓ إقامة المخيمات والمعسكرات.
- ✓ إجراء تحقيقات واستطلاعات محلية .
- ✓ مقابلات ميدانية .
- ✓ تحليل ظاهرة .

2 مجموعة الأدوات المرتكزة على مهارة التحليل بأنواعها ومستوياتها المختلفة.

- ✓ تحليل رسم .
- ✓ تحليل مشكلة .
- ✓ تحليل مفهوم .
- ✓ تحليل هدف .
- ✓ تحليل صور فوتوغرافية .
- ✓ تحليل محتوى .
- ✓ تحليل حدث .
- ✓ تحليل خبر .
- ✓ تحليل ظاهرة .

3 مجموعة الأدوات المرتكزة على التكنولوجيا

✓ التعلم بوساطة الحاسوب .

✓ التعلم بمعاونة الحاسوب.

✓ "الافلام" التعليمية .

✓ "الانترنيت" .

✓ التلفاز التعليمي والبرامج التعليمية .

✓ التلفاز بشكل عام.

✓ توظيف الأجهزة السمعبصرية .

4 مجموعة الأدوات المرتكزة على التفاعل اللفظي

- ✓ حوار.
- ✓ مناقشة .
- ✓ عصف أفكار لفظي .
- ✓ طرح أسئلة، مشكلة، قضية.
- ✓ سرد قصة .
- ✓ القراءة الجهرية.
- ✓ نـدوة.
- ✓ عرض تقرير.
- ✓ شرح الدرس من قبل طالب.
- ✓ عمل عرض تقديمي .
- ✓ مناظرة.

5 مجموعة الأدوات المرتكزة على المتعلم لتقديم حلول

- ✓ حل مسابقة .
- ✓ حل أسئلة .
- ✓ حل مشكلة.
- ✓ حل لغز .

6 مجموعة الأدوات المرتكزة على استقدام طرف ثالث في المعادلة.

الطرف الأول + الطرف الثاني + الطرف الثالث

المعلم + الطالب + ضيف

- ✓ مشرف.
- ✓ معلم.
- ✓ معلم متدرب.
- ✓ مدير المدرسة.
- ✓ الأهالي.
- ✓ قادة من المجتمع المحلي.
- ✓ صاحب مهنة.
- ✓ موظف.

7 مجموعة الأدوات المرتكزة على التعلم مع الآخرين في الصف.

✓ العمل في مجموعات .

✓ المهمات الثنائية .

✓ عمل تصميم مشترك.

✓ إنتاج ملموس مشترك.

✓ لعب أدوار .

✓ لعب جماعي .

✓ فرق أوافق - لا أوافق .

✓ فكر - ناقش - شارك .
✓ فكر - ناقش - شكل رباعي .

✓ فكر - اكتب - بادل .

8 مجموعة الأدوات المرتكزة على التصميم

- ✓ تصميم أنموذج اختبار.
- ✓ تصميم وسيلة إيضاحية.
- ✓ تصميم مجلة حائط.
- ✓ تصميم نماذج خطة.
- ✓ تصميم استبانة بحث.
- ✓ تصميم معرض.

9 مجموعة الأدوات المرتكزة على أنشطة متنوعة.

- ✓ عمل خطط سنوية.
- ✓ نشاط تطبيقي.
- ✓ عمل وسائل مساعدة.
- ✓ إجراء بحث داخل المدرسة.
- ✓ انشطة مختبر ومكتبة.
- ✓ أنشطة (بدون كلام).
- ✓ جمع معلومات.
- ✓ طرح مشكلة.
- ✓ أنشطة إحمائية.
- ✓ سؤال على اللوح.
- ✓ تجارب.
- ✓ إحضار / جمع عينات، أو نماذج من البيئة المحلية.
- ✓ أنشطة مكتبية.
- ✓ تشكيل فرق.
- ✓ أنشطة إبداعية.
- ✓ أنشطة تنافسية.
- ✓ أنشطة تبادل الخبرات.
- ✓ المختبر ومرافق المدرسة المختلفة.
- ✓ إعداد أنشطة مسبقة.
- ✓ المقارنات.
- ✓ تمارين تخيل.
- ✓ أنشطة للتفكير التنوعي.
- ✓ أنشطة للعمليات العقلية العليا.

- ✓ مواقف حياتية.
- ✓ ألعاب تعليمية.
- ✓ توضيح المفاهيم.
- ✓ السلوك المدخلي.
- ✓ معارض فنية.
- ✓ عمل نشرات.
- ✓ نشاط تخطيط.
- ✓ مراجعة.
- ✓ مسرحيات.
- ✓ الامتحانات والاختبارات.
- ✓ ورش عمل.
- ✓ حصص توجيه جمعي.
- ✓ تصميم نموذج، أو مقترح جديد.
- ✓ الاستنتاج والتحليل.
- ✓ تجميع الأفكار .
- ✓ استخدام فكرة واقعية من داخل الصف.
- ✓ المشاغل.
- ✓ المشاهدة.
- ✓ مقدمة عامة.
- ✓ توزيع محتويات المادة والمراجع.
- ✓ قراءة قطعة نثرية كتبت على لوحة كرتونية.
- ✓ أسئلة بسيطة للتمهيد.
- ✓ امتحان فجائي.
- ✓ القراءة الصامتة .
- ✓ حدث جاري.

- ✓ الربط بالتعلم السابق.
- ✓ تمثيل الموقف التعليمي.
- ✓ نشاط إعلامي.
- ✓ تغذية راجعة
- ✓ مقدمة أولية.
- ✓ ربط الحديث بالقديم.
- ✓ استدراج الموضوعات.
- ✓ المراجعة السريعة.
- ✓ أدوات الخمسة دقائق الأولى.
- ✓ بناء خرائط الذهن.
- ✓ إعداد رسم بياني.
- ✓ محاضرة.
- ✓ تمهيد.
- ✓ تقويم.
- ✓ صحيفة عمل.
- ✓ مهمة قرائية.
- ✓ تحديد أهداف.
- ✓ بطاقات عمل.
- ✓ مؤتمرات.
- ✓ حالة للدراسة.
- ✓ تصميم فكرة جديدة.
- ✓ تصميم نموذج تطبيقي.
- ✓ تطبيقات.
- ✓ المحطات.
- ✓ القصص المصورة.

- ✓ أعمال تطوعية سريعة.
- ✓ التعيينات.
- ✓ التعلم المبرمج.
- ✓ الواجبات المنزلية.
- ✓ تقليد شخصيات.
- ✓ تطبيق المهارات.
- ✓ التعلم الذاتي.
- ✓ استخدام مصادر محلية.
- ✓ الأنشطة البيتية.
- ✓ اقتراحات.
- ✓ الاستنتاج.
- ✓ بحث عن الأسباب.
- ✓ الطريقة الاستقرائية.
- ✓ تعليم مهارات.
- ✓ تمارين استبعاد السؤال.
- ✓ طريقة جمع الأشياء.
- ✓ أسئلة تفكير إبداعي.
- ✓ عمل وسائل إيضاح تعليمية.
- ✓ أوراق عمل.
- ✓ مراجعة دراسات سابقة.
- ✓ تجريب عملي.
- ✓ ورقة الدقيقة الواحدة .
- ✓ المهمة الصامتة .
- ✓ الفقرة الوصفية .
- ✓ افتعال موقف .

- ✓ اكتب لتتعلم .
- ✓ الأسئلة الشائعة.
- ✓ الخدم الستة الأمنية.
- ✓ الخارطة المفاهيمية .
- ✓ تعليم المفهوم .
- ✓ بناء المفهوم .
- ✓ أدوات المقارنات .
- ✓ أداة عمود التي.
- ✓ أداة قبل - بعد .
- ✓ الخلية الثنائية .
- ✓ أدوات لتعليم المهارات .
- ✓ أعملها بنفسك .
- ✓ التلمذة.
- ✓ أخبر وبين. .
- ✓ أداة وجهتي نظر.
- ✓ السؤال الأساسي .
- ✓ السيناريوهات الفرضية قيما لو .....
- ✓ أداة النقطة الموحلة .
- ✓ أسئلة التعلم . (احتياجات التعلم)
- ✓ زاوية أسئلة .
- ✓ التعلم القبلي.
- ✓ المسابقات.
- ✓ دراسة ذاتية..
- ✓ شرح طلابي.
- ✓ حملة تطوعية في المدرسة.

- ✓ توعية إرشادية مرورية.
- ✓ هوايات صفية.
- ✓ عرض برامج ثقافية وإذاعة مدرسية.
- ✓ مطالعة ذاتية.
- ✓ تعارف، محاورة.
- ✓ استقصاء.
- ✓ الأدوات التفاعلية .
- ✓ العمل ضمن أزواج .
- ✓ مهارات.
- ✓ تعلم فردي.
- ✓ سؤال سابر.
- ✓ موسيقى.
- ✓ تدريب.
- ✓ إعداد لوحات إيضاحية.
- ✓ نشاط في البيئة المحلية.
- ✓ استخدام الرمز.
- ✓ تصحيح اسئلة.
- ✓ أنشطة الساحة المدرسية.
- ✓ تكيف بعض الطلاب بتحليل أجزاء الدرس.
- ✓ إنتاج مواد ملموسة.
- ✓ أوقات استماع.
- ✓ عمل مجسمات.
- ✓ جمع كتب ومجلات.
- ✓ أعمال كتابية مميزة.
- ✓ واجبات بيتية.

- ✓ مهمات ميدانية.
- ✓ إذاعة مدرسية.
- ✓ مهارات تصوير ورسم.
- ✓ مهمة كتابية.
- ✓ دورات تدريبية.
- ✓ اجتماعات.
- ✓ قراءة تقارير وتلخيص.
- ✓ عمل نماذج.
- ✓ الاستعداد المسبق.
- ✓ الإجراء العملي.
- ✓ رسومات حاسوبية.
- ✓ نشاط رياضي.
- ✓ كتابة موضوع.
- ✓ استدلال.

التعلم النشط يستلزم توفير بيئة
ومعينات وأدوات مختلفة

نتاجات عمل المعلمين على أدوات مـا قبل الحصـة

أساليب التدريس التقليدية تبقي المتعلم خاملا خاصة الأساليب التي ترتكز على المعلم.

أدوات ما قبل الحصة

1. البحث عن موضوع الدرس ضمن موقع(ويب).
2. كتابة توقعات.
3. طرح الأسئلة.
4. المناقشة.
5. التعرف إلى أهداف الدرس.
6. زراعة نباتات.
7. إنشاء رسالة.
8. رسم صورة.
9. إحضار قصة.
10. تلخيص فقرة.
11. تحضير الأدوات اللازمة للموضوع.
12. تلخيص الموضوع بأقل وقت.
13. بناء الأنشطة والأساليب والوسائل التعليمية.
14. بناء هدف للحصة.
15. بناء جمل.
16. تمثيل شخصية.
17. قراءة صامتة.
18. طرح أسئلة، تحديد توقعات وأهداف.
19. عمل مجموعات.
20. التغذية الراجعة.
21. إعداد تقارير.
22. مراجعة النشاط البيتي.
23. تجهيز غرفة الصف.
24. عمل وسيلة توضيحية.
25. إحضار المواد التي تساعد في شرح المادة من البيت (كرتون، حجر، زجاج).

26. تلخيص نص.
27. إعداد أسئلة حول النص.
28. إعداد ترجمة مبدئية.
29. إحضار تقرير مبسط عن الحصة.
30. تغيير أماكن جلوس الطلبة.
31. حل مسائل بسيطة.
32. حفظ جزء من الدرس قبل شرحه.
33. زيارة المكتبة قبل الحصة.
34. إحضار معلومات عن طريق (الإنترنت) من أجل الحصة.
35. تهيئة الطلاب.
36. مطالعة ذاتية.
37. إعداد الحصة.
38. تحضير مسبق.
39. تطبيق المادة قبل الدخول في الحصة.
40. تهيئة البيئة الصفية.
41. إعداد السيناريو للقيام بالموقف التعليمي.
42. تحديد المصطلحات الصعبة.
43. بناء أسئلة حول الموضوع قبل البدء.
44. المناقشة والحوار.
45. مراجعة الواجب البيتي.
46. حل تمارين وسائل.
47. الاستفادة من أصحاب المعرفة قبل الحصة.
48. امتحان قبلي.
49. الاستعداد لحالة الشرح بدل المعلم في الحالة الطارئة.
50. وسائل إيضاحية.

51. التحضير القبلي.
52. تقديم أنشطة.
53. تقديم وطرح أسئلة.
54. بناء أفكار قبلية عن الحصة.
55. تجميع وترتيب المعلومات.
56. كتابة فقرة من الدرس.
57. إحضار وسائل من البيئة المحلية تتعلق بالدرس.
58. تحليل هدف.
59. اختيار حكمة اليوم أو مثل شعبي.
60. إحضار صور تخدم الحصة.
61. كتابة بحث.
62. حل أسئلة قبلية.
63. إجراء تجربة.
64. مهمة قراءة محتوى.
65. تشكيل مجموعات عمل صغيرة.
66. ملء نماذج محددة.
67. نقاش أقران.
68. إجراء استطلاع بين الطلاب.
69. توزيع وتبادل أدوار.
70. تمارين إحماء.
71. إعداد مساهمات، مثل شعبي، قصة، مقتطف، حكمة.
72. تحديد الطالب لمسار تعلم المحتوى (ذاتي).
73. إعداد وسيلة تعليمية.
74. بناء مشكلة ذات صله بالمحتوى.
75. إعداد تمارين لكسر الجمود.

76. تقديم مساعدات للمعلم.
77. أنشطة كتابية على اللوح.
78. قراءة الصحيفة اليومية.
79. التعلم من طالب لطالب (الطالب يساعد طالب).
80. تطوير واسطة إعلامية للمحتوى لكل نشرة او ملصق، أو لوحة...الخ.
81. تمرين 2W What I know about the subject?

ما الذي اعرفه عن الموضوع؟

What I need to know about the subject?

ما الذي احتاج لمعرفته عن الموضوع؟

أدوات الخمس دقائق الأولى
(أثناء الحصة)

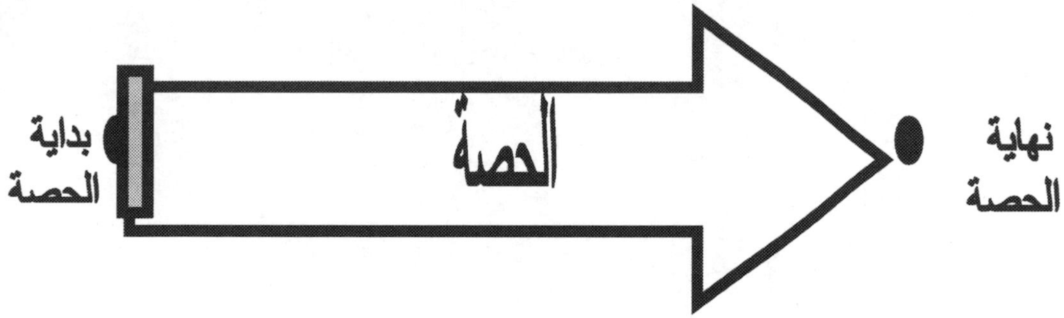

مقدمة:

أن مجموعة الأدوات التالية يمكن استخدامها في الخمس دقائق الأولى من بداية كل حصة.

وتمتاز هذه الأدوات بما يلي:-

1. تعتبر هذه الأدوات، من الأدوات التي يمكن إدارتها ضمن وقت قصير جدا".
2. تساعد في مجال إحماء الطلاب وشد انتباههم.
3. تهيئ كل من الطالب والمعلم إلى المرحلة القادمة.
4. توفر معلومات، وتغذية راجعة.

- ورقة الدقيقة الواحدة
- صحيفة عمل
- خارطة ذهنية بسيطة
- عصف أفكار لفظي
- كتابة فقرة وصفية
- سؤال على بطاقة
- رصد توقعات (لفظي أو كتابي)
- كتابة هدف
- أداء دور سريع
- جماعات دوي سريعة
- قراءة صامته
- كتابة قائمة مصطلحات
- مراجعة الدرس السابق
- عرض الصورة
- نشاط رسم
- (التعبير برسم عن محتوى الدرس)
- عرض مقطع من شريط فلمي
- التقديم لدرس من طالب
- نشاط ثنائي

- المهمة المنشطرة.
- عرض الوسائل.
- المناقشة.
- طالب يقوم بمهمة الشرح.
- السؤال السابر.
- عصف أفكار.
- التغذية الراجعة.
- عرض الدرس.
- مناقشة الدرس.
- طرح أسئلة .
- كتابة أسئلة.
- حل أسئلة.
- المناقشة والحوار.
- الاستنتاجات.
- التطبيق العلمي.
- التمهيد.
- الشرح.
- التقويم البنائي.
- إجراء المقارنات.
- الاستنتاجات والدلائل.
- التطبيق العملي.
- التعبير الحر.
- تقديم التوجيهات.

- طرح أسئلة ختامية.
- حل المشكلات.
- مقدمة عن الدرس.
- توزيع الطلاب إلى مجموعات.
- إدارة الحصة على شكل حوار.
- التقديم للحصة (التهيئة).
- حوار ونقاش.
- تحليل عناصر.
- استخدام الوسائل والأدوات.
- القياس والتقويم.
- التفاعل الصفي النشط (سؤال، جواب، مناقشة).
- تمثيل، وحوار، ومناقشة.
- توضيح المفاهيم والمصطلحات.
- طرح أسئلة وسماع إجابات.
- سؤال جواب.
- أنشودة.
- حركة إيقاعية.
- التقليد والمحاكاة.
- لعب أدوار.
- قراءة جهريه.
- شرح فكرة.
- امتحان قصير.
- أسئلة قصيرة.

- تقويم ختامي.
- بحث عن طريق صفحة ويب.
- إجراء تجربة.
- تحليل النتائج.
- استخدام الحوار عن بعد عن طريقة (Chat).
- عمل أسئلة من قبل المتعلم.
- ترتيب أفكار، أو أرقام.
- تلخيص أفكار الدرس.
- استعمال السبورة.
- استعمال الطباشير الملونة.
- استعمال الصور والملصقات.
- استعمال بعض الكتب، والمراجع الإضافية.
- عصف الأفكار.
- كسر الجمود.
- حملة نظافة صفية.
- إعطاء أسئلة مسبقة.
- التقويم المستمر.
- التطبيق العملي.
- حل مشكلة داخل الصف.
- إجراء المقارنات.
- التعبير الحر.
- المسابقات.
- الاستفادة من الأدوات في مختبر الحاسوب.

- استخدام الأدوات الحديثة.
- طرح أسئلة قبلية.
- تمثيل مشهد.
- إعداد البحوث والتقارير.
- توضيح أهم المصطلحات المهمة في الموضوع.
- استخدام الوسائل الممكنة قبل لعب الأدوار.
- قراءة الدرس.
- الاستماع.

نتاجات عمل المعلمين على أدوات لما بعد الحصة

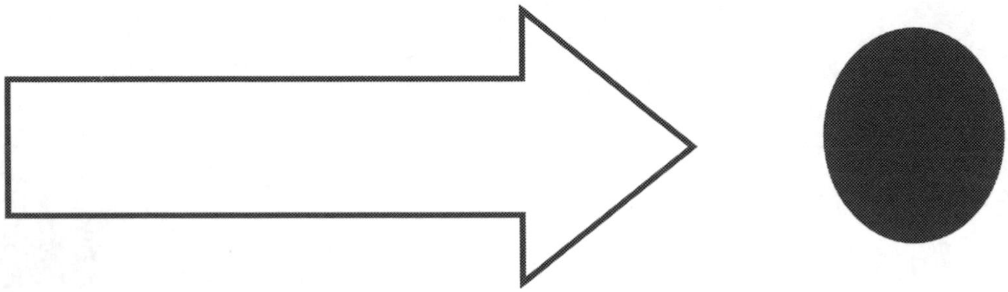

أدوات للتعلم النشط (ما بعد انتهاء الحصة)

- طرح أسئلة بعدية.
- كتابة ملخصات.
- إعداد التغذية الراجعة عن الحصة السابقة.
- فتح باب الحوار، والمناقشة مع الأسرة حول موضوع الدرس.
- البحث والاستكشاف، وإحضار العينات.
- الواجبات المنزلية.
- الأنشطة البيتية.
- تحديد النقطة الموحلة.
- عصف الأفكار على مواضيع جديدة.
- عمل تجارب بسيطة.
- تحليل المصطلحات والمفاهيم.
- طرح حلول، وتقديم أفكار جديدة.
- عمل وسيلة تعليمية متعلقة بالدرس القادم.
- تلخيص أفكار (تصنيف أفكار).
- تحويل الأفكار إلى رسم تمثيلي، أو توضيحي.
- كتابة بحث.
- تطبيق أفكار.
- الاسترخاء وإعادة التفكير.
- الأنشطة الاثرائية.
- زيارة ميدانية.
- تلخيص موقف حواري.
- حل مشكلة خارج الصف.
- كتابة تقرير.
- مقابلة رئيس البلدية أو النائب.

- عمل اختبار قصير.
- عمل تجربة بيتيه.
- كتابة تقرير.
- إحضار مراجع تعزيزيه من المكتبة.
- إحضار تقرير عن شبكة "الإنترنت".
- حفظ نص.
- إعداد الأفكار الرئيسة للدرس القادم.
- إعداد لمسرحية.
- إحضار الأدوات اللازمة للأنشطة القادمة.

نتائج عمل المعلمين في مجموعات على مهمة رصد "استراتيجيات التعلم"

1. التعلم المرتكز على المحتوى.
2. التعلم المرتكز على الأهداف.
3. التعلم المرتكز على الابتكار.
4. التعلم المرتكز على الاستكشاف.
5. التعلم المرتكز على حل المشكلات.
6. التعلم المرتكز على الملاحظة المباشرة وغير المباشرة.
7. التعلم المرتكز على الكفايات (المهارات).
8. التعلم المرتكز على توليد الأفكار.
9. التعلم المرتكز على الحوار.
10. التعلم المرتكز على المعلم.
11. التعلم المرتكز على تبادل الخبرات.
12. التعلم المرتكز على التعلّم الذاتي.
13. التعلم المرتكز على الإبداع.
14. التعلم المرتكز على المناقشة.
15. التعلم المرتكز على المتعلم.
16. التعلم المرتكز على العمليات.
17. \ التعلم المرتكز على الاختبارات.
18. التعلم المرتكز على المجتمع المحلي.
19. التعلم المرتكز على الاستقصاء الموجه والحر.
20. التعلم المرتكز على الاستقراء.
21. التعلم المرتكز على الحقائق.

22. التعلم المرتكز على النظرية.
23. التعلم المرتكز على الاحتياجات.
24. التعلم المرتكز على البحث.
25. التعلم المرتكز على التساؤل.
26. التعلم المرتكز على المقارنة، وأدراك العلاقات بين الأشياء.
27. التعلم المرتكز التعلم الفردي.
28. التعلم المرتكز على المجموعات الصغيرة .
29. التعلم المرتكز على التدريب البرمجي (الإلكتروني).
30. التعلم المرتكز على التعلم من خلال اللعب.
31. التعلم المرتكز على المحاكاة.
32. التعلم المرتكز على التعلم التشاركي.
33. التعلم المرتكز على لعب الأدوار.
34. التعلم المرتكز على التعلم الزمري.
35. التعلم المرتكز على التطبيق.
36. التعلم المرتكز على الاستنباط.
37. التعلم المرتكز على المجموعة الكلية.
38. التعلم المرتكز على التجارب.
39. التعلم المرتكز على التحليل.
40. التعلم المرتكز على النتاجات.
41. التعلم المرتكز على التحصيل.
42. التعلم المرتكز على التعلم من خلال العمل.
43. التعلم المرتكز على الاستدلال.
44. التعلم المرتكز على التعلم عن بعد.
45. التعلم المرتكز على عرض المعلومات .
46. التعلم المرتكز على التعبير الحر.

47. التعلم المرتكز على التفاعل.
48. التعلم المرتكز على التعلم النشط.
49. التعلم المرتكز على الفرد.
50. التعلم المرتكز على الأنشطة اللامنهجيه.
51. التعلم المرتكز على المهمات.
52. التعلم المرتكز على التأمل.
53. التعلم المرتكز على التفكير الناقد.
54. التعلم المرتكز على تعليم التفكير.
55. التعلم المرتكز على استخدام أجهزة "تكنولوجيا" المعلومات (الحاسوب، الإنترنت، التلفزيون التربوي).
56. التعلم المرتكز على مراجعة الأدبيات.
57. التعلم المرتكز على التغذية الراجعة.
58. التعلم المرتكز على الوسائل التعليمية.
59. التعلم المرتكز على التخيل.
60. التعلم المرتكز على التقليد.
61. التعلم المرتكز على الاستماع.
62. التعلم المرتكز على بطاقات التفكير الجماعي.
63. التعلم المرتكز على التقصي.
64. التعلم المرتكز على طلاقة التفكير.
65. التعلم المرتكز على التعلم من الأقران (الأصدقاء).
66. التعلم المرتكز على استخدام الحاسوب.
67. "إستراتيجية" التعلم المرتكزة على الاختراع.
68. "إستراتيجية" التعلم المرتكزة على استخدام التقويم التشخيصي.

نتاجات عمل المعلمين على مهمة أسئلة التعلم عن التعلم النشط

1. ما هو مفهوم التعلم النشط ؟
2. كيف نستخدم التعلم النشط ؟
3. ما هي الطرق التدريسية المستخدمة في إطار التعلم النشط ؟
4. هل هناك وسائل، أو أدوات خاصة تلزم للتعلم النشط ؟
5. ما أهمية التعلم النشط ؟
6. ما نتائج التعلم النشط ؟
7. ما هي وسائل وطرق التعلم النشط ؟
8. كيف يمكن تطوير التعلم النشط ؟
9. ما هو الدور الرئيس للمعلم في إطار التعلم النشط ؟
10. ما الأسس التي يعتمد عليها التعلم النشط ؟
11. ما هي المهارات المطلوبة للمعلم للوصول للتعلم النشط ؟
12. ما هي المتطلبات القبلية للتعلم النشط ؟
13. ماذا نستفيد من التعلم النشط ؟
14. متى يستخدم التعلم النشط؟، وكيف؟
15. ما هي الفئة المستهدفة للتعلم النشط ؟
16. ما هي الصعوبات التي قد تواجه التعلم النشط؟
17. ما هي سلبيات وإيجابيات التعلم النشط؟
18. ما الآلية المقترحة لتنفيذ التعلم النشط؟
19. ما هي الأنشطة اللازمة للتعلم النشط؟
20. ما هي مبادئ التعلم النشط؟
21. ما هي أهم المشكلات التي قد تنجم عند التطبيق ؟

22. هل يحقق التعلم النشط مبدأ التعاون بين المتعلمين؟
23. ما الأسس أو النظريات العلمية التي تدعم هذا الأسلوب؟
24. ما هي الممارسات السابقة ضمن هذا المفهوم؟
25. ما هي الأدوات المستخدمة لعملية التنفيذ؟
26. هل نستطيع استخدامها في كافة المدارس ولكافة الأعمار؟
27. هل يمكن أن أطبق هذه المهارة في أي وقت؟
28. هل احتاج إلى أدوات خاصة أو بيئة خاصة؟
29. هل ستكون النتائج مضمونه؟
30. هل هي عملية سريعة أو بطيئة؟
31. ما الحلول التي تقترحها لمواجهة بعض الصعوبات؟
32. ما مهام التعلم النشط ؟
33. هل هناك علاقة بين البيئة التدريسية والتعلم النشط ؟
34. أذكر الأساليب التي استخدمت في عملية التعلم النشط ؟
35. إلى أي مدى تم تحقيق ذلك قبل تحقيق الهدف أم لا ؟
36. ما معنى النشط ؟
37. كيف يكون التعلم النشط ؟
38. ما هي مكونات التعلم النشط ؟
39. ما مميزات التعلم النشط ؟
40. ما هي أدوات التعلم النشط ؟
41. كيف أصبح طالب نشيط ؟
42. ما هي استراتيجيات التعلم النشط ؟
43. ما هي أهداف التعلم النشط ؟
44. ما هي المراجع التي يمكن للجوء إليها ؟
45. ما مدى فاعلية التعلم النشط في المجتمع العربي ؟
46. هل له وقت محدد وما مداه ؟

47. هل يعتمد على أسلوب معين ؟
48. هل للحوار دور في التعلم النشط ؟
49. كيف يتم هذا التعلم ؟
50. ما الوسيلة للوصول إلى هذا التعلم ؟
51. كيف يستعد الطلبة لمثل هذا التعلم ؟
52. كيف يمكن تحقيقه ؟
53. ما هي أدواته ؟
54. ما هي طرقه ؟
55. كيف نستخدمه ؟
56. ما هي نتائجه المثالية ؟
57. هل يمكن تحقيقه دائما ؟
58. هل يُعلم لكل المجالات ؟
59. ما هي خطوات التعلم النشط ؟
60. صف طريقة التعلم النشط ؟
61. وضّح كيفية التعلم النشط ؟
62. ما هي الكتب المعنية لذلك ؟
63. هل يتطلب استعدادات قبلية من نوع ما من الطالب ؟
64. تمهيدا للدرس بطرح اسئلة استنتاجية .
65. طرح سؤال حول الموضوع .
66. هل أصل إلى النتيجة المرغوبة ؟
67. كيف أقوم بهذا التعليم / الوسائل ؟
68. هل يناسب جميع الطلاب ؟
69. ما هي أدوات التقويم في التعلم النشط ؟
70. ما الفرق بين التعلم النشط وغيره من أنواع التعليم؟
71. اشرحي وبطريقة مبسطة كيف يكون التعلم النشط بطريقة المجموعات ؟

72. ما هو الفرق بين النظريات والتعليمات ؟
73. ما هي المخترعات الجيدة الموجودة فيها ؟
74. ما هو أثر تلبية حاجات الطلاب على التعلم النشط ؟
75. ما هو أثر البيئة على التعلم النشط ؟
76. ما هو دور الوسائل التعليمية على التعلم النشط ؟
77. كيف توظف الخبرات السابقة لتحقيق التعلم النشط ؟
78. كيف تتأكد من أن التعلم نشطا ؟
79. ما هي خصائص التعلم النشط ؟
80. ما هي عناصر التعلم النشط ؟
81. ما هي الوسائل المستخدمة في التعلم النشط ؟
82. ما هي طبيعة الشخص المتلقي ؟
83. ما هي نتائج التعلم النشط ؟
84. هل يعتبر أفضل أنواع التعلم النشط ؟
85. هل للتعلم النشط علاقة بعصف الأفكار ؟
86. ما دور الحاسوب في التعلم النشط ؟
87. ما هي اهم الطرق التي يستخدمها هذا المفهوم ؟
88. ما هو المطلوب لفهم مفهوم التعلم النشط ؟
89. ما هي الوسائل التي تستخدم لكي يصبح تعلم نشط ؟
90. ما هي فوائد التعلم النشط ؟
91. ما هي طرق الوصول إلى التعلم النشط ؟
92. ما هو تصورك تجاه التعلم النشط ؟
93. كيف أحسن تحقيق التعلم النشط ؟
94. ما هي الوسائل التي سيتم استخدامها للوصول إلى التعلم النشط ؟
95. كيفية تدريب المعلمين على التعلم النشط ؟
96. لماذا يستخدم التعلم النشط ؟

97. ما مدى استفادة المعلم والطالب من التعلم النشط ؟
98. ما هو دور الإدارة المدرسية في نشر التعلم النشط ؟
99. هل تعريف التعلم النشط كافي لإيصال الفكرة ؟
100. ما هي أقصر مدة لتحقيق الهدف من خلال التعلم النشط ؟
101. ما هي أطول مدة لتحقيق الهدف من خلال التعلم النشط ؟
102. كيف يمكن أن نحقق تعلما نشطا في مدارسنا ؟
103. كيف نصل إلى تحقيق توازن بين التعلم النشط والتعلم بشكل عام ؟
104. ما هي المهام التي يقوم بها المعلم من أجل تحقيق تعلم نشط ؟
105. هل عصف الأفكار من إستراتيجية التعلم النشط ؟
106. ما هي اسئلة التعلم النشط ؟
107. عدد أنواع الأسئلة المستخدمة في هذا التعلم ؟
108. عدد الوسائل المتبعة في هذا التعلم ؟
109. ما الشروط التي يجب أن تتوافر في المعلم الناجح ؟
110. هل هناك علاقة بين التعلم النشط وتحسين أداء الطلبة ؟
111. اثر التعلم النشط في تنمية شخصية الطالب معرفيا وسلوكيا ؟
112. علاقة المناهج بالتعلم النشط ؟
113. كيف يمكن تعزيز التعلم النشط لضمان استدامته ؟
114. هل يمكن الاستفادة من التعلم النشط في كل المواد ؟
115. لماذا مثل هذا النوع من التعلم ؟
116. ما هي إجراءات التعلم النشط داخل الحصة ؟
117. ما هي الظروف الواجب توافرها للحصول على تعلم نشط ؟
118. من هو المعلم النشط ؟
119. كيف ننفذ التعلم النشط ؟
120. ما هي أبرز مرتكزات التعلم النشط ؟
121. ما المقصود بكلمة نشط ؟

122. هل يمكن تطبيق هذا النوع من التعلم في مدارسنا في الأردن ؟
123. ما هو دور الطلاب معا في التعلم النشط ؟
124. ما هو التعلم غير النشط ؟
125. هل أنت من المقتنعين بمبدأ التعلم النشط ؟
126. هل المقصود من التعلم النشط، هو: إثارة الدافعية لدى المتعلمين ؟
127. هل نفهم من الاسم، أن دور المتلقي يغلب على دور المعلم ؟
128. عبر سلوك تمثيلي ما هو التعلم النشط ؟
129. ما هي تطبيقات التعلم النشط؟
130. أرسم كاريكاتير عن التعلم النشط ؟
131. ما المصطلحات المرادفة لمصطلح التعلم النشط؟
132. ما هو دور التعلم النشط ؟
133. ما الهدف من ورشة التعلم النشط ؟
134. ما معنى التغذية الراجعة ؟
135. كيف يمكن التخطيط لحصة صفية باستخدام التعلم النشط ؟

"عمل شيء باليد " من الاستراتيجيات الفاعلة في التعلم النشط

نتاجات عمل المعلمين على مهمة حول الأسئلة الشائعة (FAQ)

ملخص لمهمة رقم (1)

أ. المحور الأول حول تعريف التعلم النشط والمقصود به.

ب. المحور الثاني يدور حول الغاية، والأثر، والهدف، والنتيجة من التعلم النشط:

1. أثر التعلم النشط على المخزون المعرفي للمعلم.
2. أثر التعلم النشط على الطلاب.
3. المهارات التي يمكن أن يكتسبها المعلم.
4. ما هي الكفايات المطلوبة للمعلم ؟
5. أثر التعلم النشط في تطبيق التمارين العملية ؟
6. ما هي أهم مخاوف المعلم من التعلم النشط؟
7. ما مدى استخدامه في الحياة اليومية ؟
8. إمكانية استخدامه في المجال الأكاديمي والمهني.
9. أثر التعلم النشط على المجتمع.
10. ما هي النتائج والفوائد التي يجنيها المعلم والطالب من عملية التعلم النشط؟

ج. المحور الثالث يدور حول:

1. هل يختلف التعلم النشط مع اختلاف المراحل العمرية ؟
2. هل يصلح لطلاب التدريب المهني ؟
3. هل يعمل على مشاركة كافة الطلاب ؟

د. المحور الرابع يدور حول عناصر ومكونات وأسلوب التعلم النشط:

1. ما هو أسلوب التعليم المناسب ليكون التعلم نشطا ؟
2. هل يحتاج إلى تأليف وإعداد مناهج خاصة ؟

3. ما هو دور الوسائل التعليمية في هذه العملية ؟
4. هل يعني اندماج الطلاب في العملية التعليمية أنه تعلم نشط ؟
5. هل يراعي الفروق الفردية بين الطلاب ؟
6. هل يعتمد على نشاطات وأساليب مسبقة ؟
7. هل يستوعب الشخص عملية التعلم ؟
8. هل هو سلوك مكتسب، أم هو مهاراتي ؟
9. ما الذي يدلنا على وجود تعلم نشط لصف ما من الصفوف ؟

ه. المحور الخامس يدور حول دور المعلم أو الطالب:

1. هل يتوقف على المتعلم ؟
2. هل يتوقف على المعلم ؟

ع.المحور السادس يدور حول عنصر الزمن:

1. هل يجب أن يكون هناك وقت محدد للتعلم النشط ؟
2. هل يمكن استخدام التعلم النشط أكثر من مرة في الحصة الواحدة ؟
3. ما هي افضل الأوقات للتعلم النشط ؟
4. هل هناك اختصار للوقت في عملية التعلم النشط ؟
5. هل هناك فترة ينشط بها التعلم أكثر من غيرها على مدار الحصة ؟
6. هل تتطلب مهارات في إدارة الوقت ؟

س. المحور السابع يدور حول عنصر المكان والبيئة المناسبة:

1. ما هي البيئة المناسبة أو المكان المناسب لعملية التعلم النشط ؟
2. هل هناك متطلبات بيئية خاصة للتعلم النشط ؟
3. أين يمكن تطبيق نظرية التعلم النشط ؟
4. شروط وظروف تنفيذ هذا النوع من التعلم ؟
5. ما هي الأماكن المناسبة للتعلم النشط ؟

6. ما هي الأشياء التي تؤثر على عملية التعلم النشط ؟
7. كيف يمكن تهيئة الجو العام لفرض عملية التعلم النشط ؟
8. هل يمكن أن تعطينا نموذجا على حصة تعلم نشط ؟

ص. المحور الثامن يتضمن أسئلة متفرقة:

1. لماذا استخدمت كلمة نشط تحديدا ؟
2. ما مدى انتشار هذا المصطلح ؟
3. ما مدى انتشاره في مدارسنا ؟
4. كيف يمكن نشره على نطاق واسع ؟
5. اسباب ظهور هذا المصطلح ؟
6. الجهة التي استقينا منها هذا النوع من التعلم ؟
7. النسبة المئوية لنجاح مثل هذا النوع من التعلم ؟

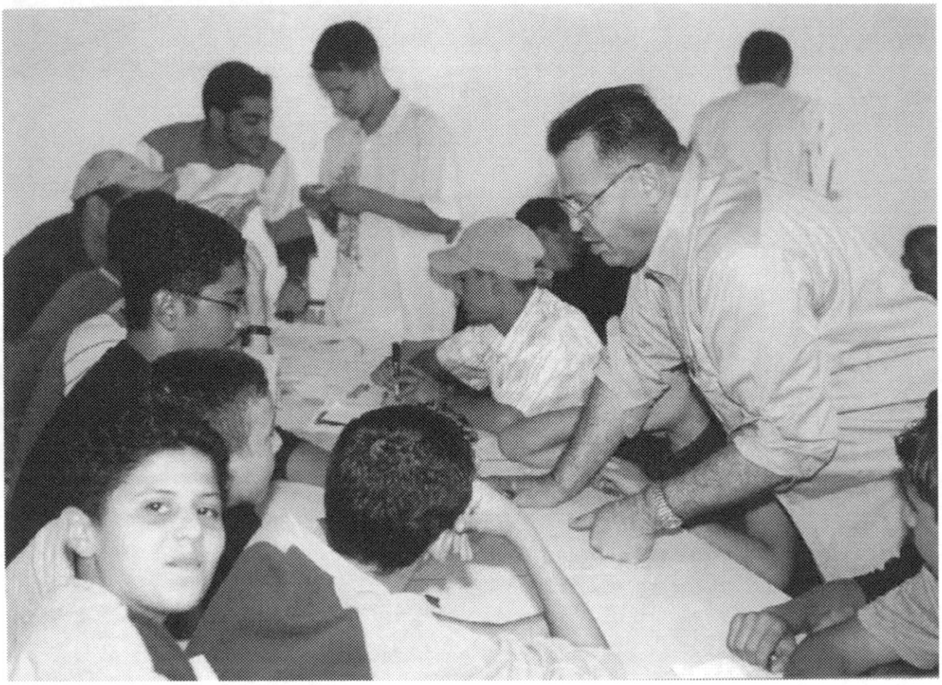

إذا طالبنا المعلمين بتعلم نشط في صفوفهم ينبغي علينا تأمين كافة متطلبات المعلمين من حوافز وتدريب وتحسين ظروف معيشتهم الاقتصادية.

نتاجات وملاحظات المعلمين في مجموعات العمل على دراسة الحالة

1. المعلم يعاني من إحباط وعجز في أسلوبه مع الطلاب؟
2. على المعلم أن يبلغ الطالب مسبقا" بالامتحان.
3. يجب على المعلم أن ينهي الدرس بالإجابة على جميع أسئلة الطلاب، وان يخرج بطريقة أفضل من ذلك.
4. المعلم قام بقمع الطلاب المبدعين.
5. معلم غير نشط (تقليدي).
6. التسمية لا تدل على الفعل (المسمى).
7. معلم يعاني من ضغوط نفسية، واقتصادية، وجسدية، وهذه إما نتيجة المدير أو الأسرة، أو النظام التعليمي.
8. التربية (تربية الشخص) أساسها الأسرة.
9. عدم خضوع هذا المعلم لدورات تدريبية تساعده على التطوير التعليمي.
10. معلم لا يدرك أهمية التعلم، والوقت.
11. ذو قدرات عقلية محدودة اجتاز المراحل التعليمية بأسلوب تقليدي.
12. اقتناع المعلم بالأسلوب الخاطئ الذي يمارسه.
13. إعطاء المعلم دورات تطويرية.
14. محاولة إيجاد حلول للمشاكل التي تعانيها من خلال معرفتها.
15. تقوية الجانب الديني والروحاني لدى هذا المعلم.
16. التخطيط المسبق للحصة.
17. تحديد الأهداف.
18. تحديد الوسائل والأساليب.
19. الوقت.

20. التقييم.
21. تكليف الطلاب بمهمات محددة حسب الأهداف.
22. تقييم النتائج (لهذه المهمات والأنشطة).
23. إدارة الوقت وأشغال الطلبة بالأنشطة المحضرة مسبقا".
24. معلم كسلان ، ملقن، غير ناجح في إدارة الصف.
25. عدم وجود الخبرة.
26. لا يتناسب مع الفعل (مخلص).
27. إعاقة العملية التربوية وتأثيرها سلبيا على الطلاب (مضيع وقت الطالب).
28. عرض مقدمة للدرس واستخدام شرح ومناقشة ، العصف الذهني.
29. إدخال نشاط كسر الجمود.
30. متابعة عمل الطلاب من خلال تفقد مستمر.

نتائج عمل في مجموعات على مهمة

تعلم نشط	تعلم خامل
— استخدام المؤثرات البصرية والسمعية.	— أن يكون المعلم هو محور العملية التعليمية (ملقن).
— استخدام مجموعات صغيرة.	— أسلوب قمع الطلبة.
— استخدام التعليم بالألعاب.	— عدم استخدام التعزيز.
— التدريب على التفكير الناقد	— عدم استخدام المعينات.
— احترام الرأي والرأي الأخر.	— عدم التفاعل مع البيئة الصفية.
— التفاعل مع بيئة الصف.	— عدم مراعاة الفروق الفردية.
— التفاعل مع البيئة المحيطة بالطالب.	— اعتبار النشاط اللاصفي مضيعة للوقت.
— استخدام التعزيز الإيجابي.	— عدم وضوح خطة الدرس المطلوبة.
— طرح أسئلة محفزة للتفكير.	— عدم إدارة الوقت بشكل سليم.
— استخدام بطاقات وأوراق العمل.	— التعامل مع الطالب على أنه وعاء فارغ يحب ملئه بمعلومات كثيرة جدا"
— وسائل.	
— العمل في مجموعات.	— وسائل تقليدية
— حوافز.	— فرد غير فعّال
— عمل ميداني.	— إحباط
— تبادل الأدوار.	— صف مغلق
— مهمات فردية.	— معلّم مسيطر
— البيئة المناسبة.	— اعتماد على الآخرين.
— الثقة بالذات.	— بيئة غير مناسبة.
— أهداف واضحة.	— التردد.
— التخطيط.	— أهداف مشوشة.
— يرتبط بخبرات الطالب.	— عدم التنظيم

- يراعي الفروق الفردية.
- "استراتيجيات" التعلم.
- كسر الجمود.
- ذو معنى.
- استخدام المحسوس
- عصف الأفكار
- الطالب هو محور العملية التعليمية.
- تيسير وتنظيم الموقف التعليمي.
- تنوع الأساليب المناسبة لأنماط تعلم الطلبة.
- توظيف الوسائل التعليمية بفاعلية.
- توظيف الأنشطة المناسبة وتنوعها.
- احترام أفكار الطلبة والاعتراف بقدراتهم.
- تبادل الخبرات.
- تعدد مصادر المعرفة.

- عدم استخدام الوسائل.
- الاعتماد على المنهاج.
- إغفال دور الطالب.
- عدم التنوع في الأساليب.
- لا يراعي خصائص النمو.
- لا يرتبط بالواقع.
- عدم توزيع الوقت.
- عدم الاهتمام بالبيئة.
- عدم استخدام الحوافز.
- استخدام أسلوب المحاضرة
- ضعف التشاركيه لدى المتعلم.
- قلة استخدام الوسائل التعليمية التعلمية (سمعية وبصرية ..الخ).
- قلة الأنشطة المنهجية واللامنهجية.
- قلة تفاعل الطلبة مع المعلم.
- إهمال قدرات الطلبة الفكرية.
- المعلم المصدر الوحيد للمعرفة.

الفصل الثالث

تخطيط حصة تعلم نشط

عناصر تخطيط حصة تعلم نشط

1. عنوان الوحدة.
2. رقم الوحدة.
3. عنوان الحصة.
4. رقم الحصة.
5. اليوم.
6. التاريخ.
7. الوقت الكلي المتاح.
8. وقت البدء والانتهاء.
9. الوقت الفعلي .
10. الأهداف (العامة- الفرعية).
11. الكلاشية الهدفية.
12. المواد اللازمة .
13. المعينات التدريبية - الأجهزة.
14. التقويم (قبلي - إثنائي - بعدي).
15. المصطلحات المركزية (الأساسية).
16. المهارات .
17. الأفكار الرئيسة.
18. الإجراءات/العمليات/الخطوات.
19. شكل الجلوس.
20. عدد الطلاب.
21. المكان.
22. التحضيرات القبلية .
23. المساعدون.
24. شروط/نقاط هامة/للتذكر.
25. التعليم المتباين .
26. أنشطة إضافية.
27. المصادر الإضافية.
28. أنشطة بيتية.
29. واجب بيتي.
30. البدائل.
31. المشاكل المتوقعة.
32. النتائج المتوقعة.
33. اسم المُعد.
34. أنشطة متقدمة لمهارات التفكير العليا.
35. الخاتمة/التلخيص/الإغلاق.

قالب خطة حصة تعلم نشط

1. **الاسم:**
يكتب هنا اسم، أو اسماء معدي الحصة إذا كان قد اشترك في إعدادها أكثر من معد واحد.*

2. **اسم المدرسة:**
يكتب هنا اسم المدرسة المنوي تنفيذ الحصة فيها.

3. **المسمى الفني:**
يتم وضع اشارة ✓ داخل الصندوق الذي يمثل المسمى الفني لمعد، أو معدي الحصة.

- [ ] معلم.
- [ ] مساعد معلم.
- [ ] مدرب.
- [ ] مساعد مدرب.
- [ ] مشرف تربوي.
- [ ] أخرى.
- [ ] منشط.
- [ ] محاضر.
- [ ] معد جلسة.
- [ ] ميسر.
- [ ] مساعد ميسر.
- [ ] أخرى.

* صيغة المذكر تشير الى الجنسين (الذكور والإناث).

4. **التاريخ: / / 200م.**

يرصد هنا التاريخ الذي تم معه البدء بإعداد الحصة.

5. **اليوم:**

يرصد هنا اليوم الذي جرى به البدء بإعداد الحصة.

6. **رقم الحصة:**

يكتب هنا رقم أو (كود) الحصة المتسلسل.

7. **عنوان المنهاج:**

يكتب هنا عنوان المنهاج أو الوحدة التعليمية التي تنتمي إليها هذه الحصة.

8. **قطاع المنهاج:**

يتم وضع إشارة ✓ داخل المربع الذي يمثل قطاع المنهاج.

☐ الصحة.	☐ الدراما.	☐ التاريخ.
☐ الزراعة.	☐ العلوم.	☐ الحاسوب.
☐ الإدارة.	☐ المحاسبة.	☐ الرياضيات.
☐ التعليم التجاري.	☐ الهندسة.	☐ أخرى.
☐ أخرى.	☐ أخرى.	

9. **عنوان الوحدة، أو الفصل، أو الباب، أو الجزء .. الخ.**

يكتب هنا عنوان الوحدة التعليمية.

10. **عنوان الحصة:**

يكتب هنا عنوان الحصة بشكل محدد جدا.

11. المرحلة التعليمية التي تستهدفها الحصة:

- الحضانة.
- مرحلة التعليم الثانوي.
- رياض الأطفال.
- كليات المجتمع.
- مرحلة التعليم الأساسي.
- مرحلة التعليم الجامعي.
- الدراسات العليا.
- أخرى.
- أخرى.
- أخرى.

12. عدد الطلاب:

يكتب هنا عدد الطلاب الفعلي، وإذا لم يكن بالإمكان لسبب ما تحديد عدد الطلاب الفعلي يلجأ إلى كتابة العدد التقريبي.

- عدد الطلاب الفعلي
- عدد الطلاب التقريبي

13. التوزيع الجندري للطلاب:

يتم تحديد التوزيع للطلاب.

- ذكور
- إناث

14. الوقت التقريبي اللازم للحصة:

- اقل من 30 دقيقة
- 45 دقيقة
- 30 دقيقة
- 60 دقيقة

☐ 90 دقيقة ☐ 120 دقيقة

☐ أخرى ☐

15. وقت بدء الحصة:

الدقيقة	الساعة

يملأ هذا الجانب عندما يبدأ المعلم بتنفيذ الحصة.

16. وقت انتهاء الحصة:

الدقيقة	الساعة

يملأ هذا الجانب عند انتهاء المعلم من تنفيذ الحصة.

17. السؤال الرئيس:

يكتب المعلم هنا سؤال رئيسا شاملا خاصا بالحصة، يعالج أكبر عدد ممكن من جوانب الحصة.

18. ملخص الحصة:

يكتب المعد هنا، عددا بسيطا من الكلمات، تسمى ملخص الحصة، يبين جوانب الحصة الأساسية، ويصف المفاهيم الرئيسة مع تفسير مختصر يوضح كيف

ستساعد الأنشطة الطلاب على تحقيق أهداف التعلم، والإجابة عن الأسئلة الأساسية للحصة.

19. أهداف الحصة:

يرصد المعلم هنا أهداف الحصة متأكدا من مراعاة الهداف لقاعدة (SMART).

يتوقع مع نهاية هذه الحصة أن يكون بمقدور المتعلم فعل:

-
-
-
-
-

20. أنشطة التعلم:

يبدأ المعلم هنا بكتابة الأنشطة التي سيقوم بها بمفرده، أو تلك التي سيقوم بها الطالب بمفرده، او التي سيقوم بها الطرفان معا، وتقسم الأنشطة إلى ثلاثة مراحل:

أولا: الأنشطة القبلية (الاستباقية، التعلم القبلي).

استخدم الجدول التالي -أدخل إليه أي تعديلات قد تراها مناسبة-.

الأنـشـطة القبـليــة			
أنشطة المعلم القبلية	التزمين	أنشطة الطلاب القبلية	التزمين

ثانيا: الأنشطة الاثنائية (مع بدء الجلسة).

استخدم الجدول التالي وأدخل إليه أي تعديلات قد تراها مناسبة لرصد كافة الأنشطة التي تنفذ.

الأنـشـطة الاثنـائيـة			
أنشطة المعلم	التزمين	أنشطة الطلاب	التزمين
■ المقدمة الشائعة. ■ رصد التوقعات. ■ الأنشطة الاستهلالية. ■ الأسئلة بأنواعها. ■ أنشـطة التغذيـة الراجعـة والتقويم الخاصة بالمعلم.		■ أنشطة التعلم الذاتي. - فردي. - مجموعات. ■ انشطة من طالب لطالب. ■ اسئلة التعلم. ■ اسـئلة التغذيـة الراجعـة، والتقويم الخاصة بالطلاب.	

ثالثا: الأنشطة البعدية (التعلم البعدي).

استخدم الجدول التالي وعدل أن لزم لرصد كافة الأنشطة البعدية.

الأنـشـطة البعـديـة			
أنشطة المعلم	التزمين	أنشطة الطلاب	التزمين
■ المراجعة. ■ البحث. ■ تعديل الحصة. ■		■ الأنشطة البيتية. ■ الواجبات البيتية.	

21. مكان تنفيذ الحصة (بيئة التعلم):

☐ قاعة.	☐ مسرح.	☐ مختبر.
☐ ساحة.	☐ الصف.	☐ المجتمع المحلي.
☐ شركة.	☐ حقل زراعي.	☐
☐	☐	☐

22. شكل الجلوس:

☐ صفوف.	☐ شكل لـا.	☐ فردي.
☐ دائرة / حلقة.	☐ مجموعة.	☐ نصف حلقي.
☐ حـر.	☐ تقابل.	☐

23. المساعدون:

☐ مساعد معلم.	☐ معلم مساند.	☐ أخرى.
☐ مساعد ميسر.	☐ متطوع.	
☐ طلاب.	☐ أخرى.	

24. المصطلحات والمفاهيم المركزية والمهارات في الحصة:

مصطلحات	مفاهيم	مسمى مهارات

25. الطرق التدريبية التي ستستخدم في الحصة:

- عرض نظري.
- تمارين فردية.
- عمل مجموعات.
- عصف أفكار.
- دراسة حالة.
- قراءة صامته.
- لعب أدوار.
- مناقشة.
- اسئلة / أجوبة.
- مهمة ميدانية.
- حل مشكلة.
- تحليل محتوى.

26. المواد والمصادر:

طباشير.	اقلام حبر.	دفاتر فلب شارت.
بطاقات.	ورق أبيض.	مقص.
شريط لاصق.	جهاز OHP.	اقلام.
اشرطة فارغة.	لوح متحرك.	شفافيات فارغة.
كامير.	أجهزة كمبيوتر.	كامير رقمية.
قارئ DVD.	الاتصال بالانترنت	قاعدة بيانات جدول بيانات .
نشر سطح المكتب	برامج البريد الالكتروني.	موسوعة على قرص مضغوط.
قرص ليزر.	طابعة.	ماسح ضوئي.
تلفاز.	معالجة الصور.	مستعرض ويب الانترنت.
وسائط متعددة.	مسجل أشرطة فيديو VCR.	كاميرا فيديو.
معدات مؤتمر الفيديو.	تطوير صفحة ويب.	أخرى.

المواد المطبوعة: كتب مدرسية، كتب روائية، مختبر، مواد مرجعية، الخ.
إمدادات: أشياء يجب طلبها، أو تجمعها لتنفيذ الوحدة.
مصادر الانترنت: عناوين الويب (URL) التي تدعم وحدتك.
أخرى: المحاضرون الضيوف /المعلمون الخصوصيون/ الرحلات الميدانية، الخ.

27. الأدوار المطلوبة في الحصة:

☐ موقت.	☐ معارض.
☐ عارض.	☐ ميسر.
☐ مقرر.	☐ ملاحظ.
☐ ملخص.	☐ مقوم .
☐ مساعد معلم.	☐ متطوع.

28. التعليم المتباين - الفروق الفردية:

- ذوي الاحتياجات الخاصة.

- الموهوبون:

29. ضيوف الحصة.

30. أنشطة كسر الجمود.

31. المشكلات المتوقع ظهورها أثناء الحصة.

32. أنشطة التغذية الراجعة والتقويم.

الأنشطة الخاصة بالمعلم (تقويم المعلم)	الأنشطة الخاصة بالمتعلم (تقويم الطالب)
التقويم القبلي	الأسئلة
التقويم الجزئي	التقويم الذاتي
التقويم التشخيصي	
التقويم الختامي	

33. مؤشرات التقدم.

-
-
-
-

34. الأنشطة الاثرائية (الاضافية).

35. التعلم البعدي (بعد انتهاء الحصة).

36. البدائل.

37. الخلاصة.

38. ملاحظات إضافية.

39. النتائج المتوقعة.

40. الأنشطة المتقدمة لمهارات التفكير العليا.

41. المواد الموزعة:

- ملخصات.
- صحائف تمارين.

42. الاغلاق.

الابعـاد التـي تـرتكـز عليـها بنـاء قائمة مـراجعة وأدوات تقـويـم لجلـسـة تعـلـم نـشـط

1. بناء الأنشطة الاستهلالية.
2. حصر الادوات اللازمة للحصة.
3. تحديد وبناء الأنشطة التي سيتولى تنفيذها المتعلم ذاته.
4. تحديد أنشطة وأدوات التغذية الراجعة.
5. اساليب التعزيز التي ستستخدم في الحصة.
6. الأنشطة التي تبين مراعاة المعلم للفروق الفردية.
7. بناء الأنشطة التي تسبق تنفيذ الحصة.
8. أنشطة التقويم القبلي.
9. تحديد الهدف العام للحصة.
10. تحديد الضيوف المتحدثون.
11. اعتماد الأدوار التي ستعتمد في الحصة.
12. بناء أنشطة التقويم الذاتي (المتعلم).
13. تحديد وتوضيح مؤشرات التقدم والنجاح.
14. انتقاء الطرق التدريسية الملائمة.
15. رصد المفاهيم المركزية للحصة.
16. بناء الأنشطة الاثرائية.
17. إعداد فقرة الخلاصة.
18. اعتماد شكل جلوس واحد، أو أكثر في الحصة.
19. تجهيز بدائل الأنشطة.
20. إعداد قائمة أسئلة بأنواع مختلفة.
21. بناء الأهداف الفرعية.

22. إعداد مخطط سير الأنشطة والفعّاليات. (المهمات + التمارين ... الخ).
23. تزمين الأنشطة.
24. بناء قائمة بالمصطلحات المركزية للحصة.
25. تسمية المهارات الأساسية للحصة.
26. إعداد المرفقات والمواد التي ستوزع على الطلاب.
27. كتابة النتائج المتوقعة.
28. إعداد الملاحظات الإضافية.
29. بناء أنشطة التعلم البعدي.
30. تحديد الطلاب المستهدفين،(أجناسهم وأعمارهم).
31. تحديد مكان عقد الحصة (بيئة التعلم).
32. تحديد الوقت الكلي اللازم للحصة.
33. تحديد عنوان الحصة.
34. بناء الأنشطة الخاصة بمهارات التفكير العليا.

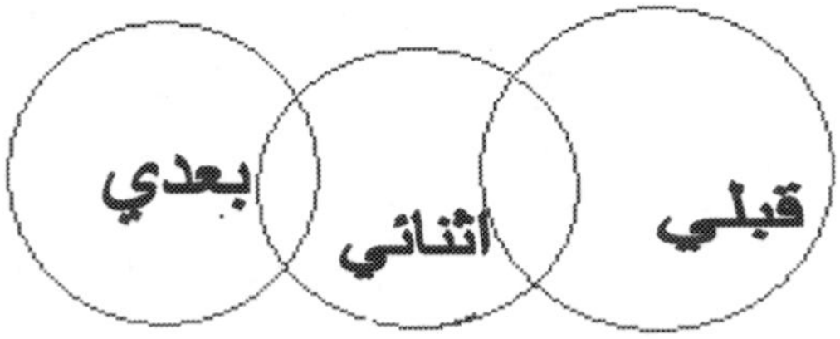

التعلم القبلي: كل ما يمكن أن يجريه المتعلم، من أنشطة تعلم، قبل الولوج في موقف التعلم الرسمي ويعتبر التعلم القبلي تعلما ذاتيا.

التعلم الاثنائي: كل ما يمكن أن يجريه المتعلم من أنشطة من بداية موقف التعلم الرسمي، وحتى انتهاء موقف التعلم الرسمي سواء على شكل تعلم ذاتي، أو بالمشاركة مع المعلم وبقية المتعلمين.

التعلم البعدي: كل ما يمكن أن يجريه المتعلم من أنشطة، بعد انتهاء موقف التعلم الرسمي، ويعتبر التعلم البعدي تعلما ذاتيا.

يستخدم عصف الأفكار بشكل واسع
في حصص التعلم النشط

انخراط المعلمين في برامج تدريبية
مستلزم أساس لضمان تعلم نشط

الفصل الرابع

التعلم النشط من منظور الطلاب*

* المصدر حصة عصف أفكار الصف الثامن(ب). مدرسة أحمد طوقان الثانوية للبنين، 2002م.

يقع على عاتق الطلاق مسؤوليات واسعة
في التعلم النشط

فيما يلي نتاجات عمل تمثل رأي الطلاب حول ضمان تعلم نشط:-

1- تخصيص وقت للضحك والنكات.
2- شرح الدرس بأسلوب القصة.
3- مراجعة ما سبق دراسته في الحصص السابقة.
4- ربط الحصة بالواقع .
5- كتابة عدة أسئلة وإجابة الطلاب عليها.
6- أن لا يقسوا المعلم على طلابه .
7- لا يجبر المعلم الطلاب على تلخيص الدرس .
8- عدم إضاعة الوقت دون فائدة.
9- شرح الدرس بوساطة الحاسوب.
10- تنفيذ نشاطات الدرس.
11- عن طريق الرحل المدرسية.
12- إحضار ملخص الدرس فقط.
13- الخروج إلى ساحة المدرسة والتدريس في الهواء الطلق.
14- تخصيص وقت للأكل .
15- تخصيص وقت للراحة .
16- شرح الطلاب للدرس .
17- الإكثار من حصص التربية الإسلامية في الجدول.
18- محافظة الطلاب على الهدوء.
19- الاحترام المتبادل بين المعلم والطالب .
20- عدم رفع الطالب صوته في وجه المعلم.
21- التدرج في إعطاء المعلومات .
22- عدم الاعتماد على سرد الكلام.
23- أن يرفع المعلم صوته أثناء شرح الدرس.
24- توجيه أسئلة حول الموضوع

25- توجيه أسئلة للتوصل بها إلى الدرس.
26- أن يحرص المعلم على تعلمهم .
27- أن يحترم المعلم آراء طلابه.
28- أن لا يخص المعلم بعض الطلاب باهتمامه أمام الأخرين
29- مراجعتهم بالدرس السابق لتمهيده الدرس الجديد.
30- أن يفتتح الدرس بحمد اللـه والثناء عليه.
31- أن يبدأ الدرس بمقدمة مناسبة وشائعة.
32- عدم تبادل السخرية والاستهزاء للطلاب
33- محاولة المدرس تهدئة الطلاب عند شجارهم.
34- العدل بين الطلاب .
35- تطويل المدة الزمنية بين الحصص.
36- الحرص على إعطاء دورات لتحفيظ القرآن الكريم وتجويده.
37- تكريم المعلم للطالب الخلوق والمهذب.
38- مشاركة الطلاب في الدرس.
39- حرص الطالب على تحضير الدروس التالية.
40- عدم تسلط المعلم على طالب للإجابة عن سؤال معين.
41- توجيه الأسئلة والاستفسار عما لا يفهمه الطالب.
42- تقبل المعلم لسؤال الطالب دون عصبية.
43- أن يعمل الطالب بما يعلم من الخير.
44- أن يخلص النية لله تعالى.
45- الجد في طلب العلم.
46- عدم التفكير أو الشتم بما يحرم الإسلام.
47- التحلي بالأخلاق الفاضلة.
48- التحلي بالسلوك السوي.
49- الابتعاد عن رفاق السوء.

50- عدم تقليد الشخص الأعمى .
51- أن يأخذ المعلم بعين الاعتبار أن الطلبة هم علماء المستقبل .
52- أن يكون طلبة العلم والمعلم على مستوى رفيع من الصفات الحميدة.
53- إعطاء الفرصة للطلبة .
54- إلقاء السلام عند الدخول للصف.
55- رد السلام من قبل الطلبة بأسلوب لائق.
56- احترام المعلم وتوقيره للطلاب.
57- احترام الطالب للمعلم لأن المعلم بمثابة الوالد.
58- احتمال الطالب ما يصدر عن المعلم ناجمة عن الغضب.
59- عدم رمي الأوراق والأوساخ على المعلم.
60- أن يُرى المعلم الطالب الفرق الواضح في التعليم في القرون الماضية والحاضرة .
61- عدم خوف الطالب من المعلم.
62- وجود ممحاة للوح.
63- وجود طباشير للمدرس في الصف.
64- إجبار الطالب على تحمل الجوع والعطش.
65- وجود سلة في الصف لرمي القمامة.
66- عدم إعطاء الحصة في وقت قصير.
67- عدم إعطاء دروس هائلة في حصة واحدة لانهاء المنهج.
68- لا يعطي المعلم واجبات كبيرة للطلاب .
69- امتحان في آخر الأسبوع لاختبار قدرات الطالب.
70- التركيز على المهارات العقلية للطلبة.
71- عدم تخصيص طالب محدد لمحي اللوح.
72- تجنب المشاجرات والجدال الذي لا فائدة منه.
73- عدم إحراج المعلم بالأسئلة التي لا معنى لها.

74- عدم تمثيل الطالب على المعلم للخروج من الصف.
75- أن لا تكثر الإدارة من توجيه الإنذارات للطلبة، مما يجعل الطلبة يكرهون المدرسة والتدريس وذلك يؤدي إلى التسرب.
76- أن نخصص آخر خمسة دقائق للنكات .
77- أن تخصص أول خمس دقائق لمراجعة الدرس السابق.
78- أن تعمل المدرسة حوافز وجوائز للطلاب.
79- أن تقوم المدرسة بتشجيع الطلاب على الدراسة.
80- أن يكون الأستاذ متفهما للطلاب
81- أن يتعامل الأستاذ مع الطالب وكأنه ابنه أو أخوه.
82- أن ننظم الجدول الدراسي لكي لا يكون عبئا على الطالب .
83- أن يشرح المعلم لنا الدرس في المختبر مثلا.
84- أن نخصص آخر الحصة لإعطاء رؤوس أقلام عن الدرس الذي بعده.
85- ان تحقق لنا المدرسة فرص لدخول البرامج التعليمية مثل برنامج إنجاز المميز .
86- أن نجعل في الحصة بعض التسلية ببعض التعليقات.
87- أنه إذا شرح المعلم يحضر لنا بعض الدلائل الحقيقية من المختبر .
88- إعطائنا أيام نشاط يظهر فيها كل طالب مهارته .
89- عمل الرحلات المدرسية إلى المناطق التي ندرس عنها.
90- تقديم بعض الميزات للأذكياء.
91- عدم استعمال الضرب في أثناء التدريس.
92- فتح مجال للمناقشة في أثناء الحصة.
93- التطبيق العملي لبعض الدروس المهنية.
94- أن يدخل المعلم وهو مبسوط.
95- إذا كانت الحصة الأخيرة حصة مملة، فلتغط بنصف الوقت المخصص.
96- إحضار الوسائل التعليمية.

97- أن يكون هناك وسائل متطورة لمساعدة المعلم في شرح الدرس.
98- أن تكون حصة خارج الصف في حديقة.
99- أن يتوفر جو هادئ للحصة.
100- أن تكون المقاعد موزعة حول الصف لفتح مجال في النصف للنقاش .
101- استعمال جهاز (الكمبيوتر والانترنت) للتطبيق.
102- تشجيع الطالب على الدراسة .
103- طلب المعلم النشاطات من الطلاب كالوسائل العلمية.
104- أن تكون حصة الرياضة أكثر من مر ة في الأسبوع، وإتاحة الفرصة للطلاب على التعـرف على جميع الرياضات في العالم.
105- توسيع وقت الاستراحة.
106- حل المشاكل بديمقراطية بين الطلاب.
107- السماح لنا بممارسة ألعاب القوى .
108- توفير مكيف في غرفة الصف للتبريد صيفا والتدفئة شتاءا.
109- أن تصنع المقاعد بشكل متقن وجميل.
110- أن يعطينا المعلم سؤال ذكاء آخر الحصة.
111- أن يلحقونا في العطلة الصيفية في نادي صيفي.
112- عمل مسابقات ترفيهية المعروف باسم تليماتش.
113- عمل البازار الممتع الذي نتعلم فيه التسوق.
114- تجميل غرفة الصف.
115- توزيع أوراق عمل قبل الاختبار.
116- عمل مسابقات في الإذاعة المدرسية.
117- القليل من المزح بين المعلم والطلب بعد انتهاء الشرح.
118- التساهل في التعامل .
119- جعل المدرسة كاملة تصلي صلاة الظهر.
120- إعلان النتائج على "الانترنت".

-121 التدريب على استخدام "الانترنت".
-122 تدريبنا على استخدم "التكنولوجيا" الحديثة.
-123 حسن الاستماع.
-124 وضع حصة إضافية للراغبين فقط في التقوية لبعض المواد.
-125 وضع حصة إضافية للراغبين في التعرف على بعض المهن الممتعة؟
-126 جعلنا نتدرب على الموسيقى.
-127 عمل منحات دراسية للمتفوقين.
-128 جعل الطلاب يتعرفون في مختلف المدارس.
-129 عمل صفوف مرتبة حسب التفوق.
-130 تعزيز الدين الإسلامي عن طريق الأفلام.
-131 جعل كل طالب يشارك في بعض النشاطات كالكشاف .
-132 عمل صيانة للمدرسة كل عام، لكي يشعر المعلم وطلابه بالراحة وجمال المدرسة.
-133 جعل الطلاب يشاركون في طرح الفكاهات.
-134 جعلنا نشارك في التمثيل المسرحي.
-135 إعطاء المعلم لنا فكرة عن الحياة المستقبلية كالدراسة.
-136 ان يحضر المعلم المسجل ويسمعنا بعض أغاني .
-137 أن يعطى لنا الحاسوب عمليا.
-138 أن يتكلم معنا معلم الإنجليزية باللغة الإنجليزية.
-139 توزيع جوائز عينية للمتفوقين.
-140 جعل الطالب يطبق ما يدرس عمليا.
-141 فتح مجال لسماع مقترحات الطالب.
-142 تعاطف المعلم مع الطالب.
-143 احترام الطالب للمعلم.
-144 إحضار نشارك في بعض الأعمال التي في المدرسة.

145- تخصيص 5 دقائق من الحصة للتمارين الرياضية.
146- 15 دقيقة موزعة في الحصة للراحة.
147- تركيب برادي للصف.
148- إعطائنا في الحصة نبذة عن عالم عربي مشهور.
149- إعطاء الطالب حرية ارتداء الزي المدرسي.
150- لعب ألعاب مسلية بعد انتهاء شرح الدرس.
151- الهدوء والإنصات إلى الدرس.
152- النظر ومتابعة كل شكاوي الطلبة.
153- تزيين المدرسة في أيام رمضان.
154- توسيع وقت الفراغ بين الحصص.
155- إعطاء كتب جديدة للطلاب.
156- توزيع جوائز مع الشهادات.
157- عدم انقطاع توزيع الفيتامين للطلاب .
158- زرع الأزهار في حديقة المدرسة.
159- أن تعطي تمارين جديدة للطلاب.
160- أن تكون جميع الاختبارات مطبوعة.
161- أن يمزح المعلم مع الطلاب.
162- أن تجد المدرسة لنا شيء نملأ به وقت الفراغ.
163- تعليم البرامج المهمة للطلاب.
164- تأخير وقت الدوام قليلا.
165- وضع منخل للصف.
166- وضع شبك الحماية.
167- ان يقوم المعلم بمناقشة الطلاب بما يريد أن بفعل.
168- وضع أحدث الأجهزة في غرفة الحاسوب.
169- الطلب من الطلاب أن يراجعوا المباحث في المكتبة.

-170 وضع مناظر جميلة في الصف.
-171 إدخال الطالب دورات خصوصية.
-172 إحضار معلم قوي في التدريس.
-173 عمل ديكورات جميلة في التدريس.
-174 جعل الصف نظيف دائما.
-175 لف المدير على الصفوف وتفهم مشاكل الطلاب.
-176 تخصص وقت التسلية.
-177 عمل بعض الرحلات الطويلة للترفيه عن النفس.
-178 أن تكون لكل مادة غرفة.
-179 عدم تخريب المقاعد.
-180 الاحترام المتبادل بين المعلم والطالب.
-181 استخدام أجهزة متطورة تساعد المعلم على الشرح.
-182 إحضار نخبة المعلمين للتدريس.
-183 التطبيق على "الانترنت".
-184 فتح المجال للطلبة غير القادرين على التدريس الخصوصي.
-185 طلب الواجبات والتفتيش عليها.
-186 تخصيص وقت في الحصة للمناقشة بين الطلاب .
-187 أن يكون العمل جماعي بين الطلاب.
-188 أن نطبق كل درس علميا(علوم، حاسوب).
-189 إرشاد الطلبة إلى كيفية التعامل مع الآخرين.
-190 شرح الحصة بأسهل طريقة.
-191 عمل دوريات كرة القدم وتوزيع الجوائز.
-192 توزيع شهادات التقدير.
-193 أن يدخل المعلم وهو مبتهج.
-194 توزيع المراجع على الطلاب.

-195 إعطاء الطالب حرية الرأي.
-196 أن يكون الجدول حصة فراغ (منهي) ثم حصة صعبة(علوم) .
-197 طرح الألغاز في الحصة.
-198 أن يكون الشرح مسند إلى دلائل كقصص الصحابة.
-199 وضع القليل من الماء داخل الصف.
-200 وضع حصة سباحة في الأسبوع .
-201 عمل مواصلات للمدرسة.
-202 السماح لنا في الأكل بين الحصص.
-203 وضع سلة مهملات في الصف.
-204 وضع زينة للصف.
-205 الهدوء والإصغاء .
-206 عمل حصة إرشاد في الأسبوع.
-207 عدم القسوة في التعامل مع الطلاب.
-208 تخصيص جزء من الحصة للضحك .
-209 جعلنا نشارك في عمل بعض الدرس.
-210 الإكثار من الرحلات المدرسية.
-211 تفقد المدير للصفوف .
-212 أن توزيع الشهادات في وقت مبكر.
-213 جعلنا نردد الأناشيد الجميلة في الحصة.
-214 أن تكون الامتحانات جميعها واضحة.
-215 أن يقرأ الطلاب القصص في المكتب .
-216 توزيع القرطاسية ، أو السنة .
-217 قول المعلم للطالب المراجع الصحيحة.
-218 أن تكون حصة مكتبة كل أسبوع.
-219 جعل الطلاب يذهبون إلى بيوت الفقراء والتبرع لهم.

220- أن تعمل صيانة للأضواء كل 6 أشهر.
221- أن يشجع المعلم الطلبة على الدراسة.
222- تخصيص 5 دقائق من الحصة للنظافة.
223- التعليق على بعض التصرفات السيئة عند الطلاب
224- مسابقات رياضية.
225- مسابقات دينية .
226- الحوار بين الطلبة.
227- التسامح وقبول الاعتذار.
228- مناقشة المعلم الطلاب في الدرس.
229- تنبيه الطلاب في وقت الامتحان.
230- إرشاد الطلاب إلى السلوك الحسن.
231- السلوك الحسن.
232- الحضور المبكر على الحصة.
233- عدم ارتفاع صوت الطلاب أثناء الحصة.
234- أن يكون الكلام بين المعلم والطلاب صريح.
235- مسابقات ثقافية.
236- نشاط ذهني وعلمي يهدف إلى تحقيق أفضل النتائج بأقل وقت ممكن .
237- إنجاز هدف بأقل وقت.
238- عمل لجنة دينية.
239- إعطاء كل طالب حقه في المشاركة .
240- ربط الدرس بالواقع.
241- التفاعل الحسن بين المعلم والطلاب.
242- إرشاد الطلاب إلى السلوك الحسن.
243- أن يكون الكلام بين المعلم والطلاب صريح.
244- مناقشة المعلم الطلاب في الدرس.

245- الحضور المبكر إلى الحصة.
246- عدم تكرار الغياب.
247- تنبيه الطلاب بوقت الامتحان .
248- رد السلام من قبل الطلاب.
249- احترام المعلم.
250- وجود ممحاة للوح.
251- عدل المعلم ما بين الطلاب.
252- عمل فرقة أناشيد.
253- عمل فرقة سباحة.

مجموعة أخرى من أفكار طلابية في إطار تفعيل الحصص المدرسية*

1-دردشة.	22- قراءة صامتة.
2-رياضة خفيفة.	23- أناشيد.
3-تلاوة قرآن.	24- فترة رسم.
4-وقت راحة قصير.	25- المشاركة.
5-حل أسئلة.	26- عمل مجموعات.
6-سماع آذان.	27- مراجعة.
7-جولة نكات.	28- وقت تفكير.
8- اسئلة مسلية	29- طرح حزازير.
9- عمل نشاطات متفرقة.	30-مسائل رياضية.
10- مسرحية سريعة.	31- توزيع جوائز.
11-معنى كلمة.	32-مسابقات.
12- وقت حر.	33-لعب أدوار.
13- موسيقى.	34-جولة نظافة.
14- فيلم.	35-طالب -معلم- طالب.
15- خروج وعودة سريعة إلى الصف.	36-تقديم جزء من الحصة.
16- جولة ترتيب للصف.	37-تطبيقات.
17- شعر.	38-نشاط استماع.
18- وقت هدوء.	39-عمل تجارب.
19- حوار.	40-ألعاب سريعة.
20- حل واجب.	41-قراءة قصة.
21- وقت تفكير .	

* المصدر: نتاج عصف أفكار الصف الثامن (ب) الفصل الثاني 2003/2002 مدرسة أحمد طوقان -عمان/الأردن.

الفصل الخامس

نتائج عمل مختلفة ومعلومات ونماذج وأشكال عن التعلم النشط

نتائج عصف أفكار على هدر الوقت

كيف يكون المعلم مصدرا لهدر الوقت ؟

1. التفكير.
2. اختلاق المشاكل.
3. التدخين.
4. مكالمة هاتفية.
5. إحضار أدوات أثناء الحصة.
6. قراءة الصحف.
7. عدم التحضير للدرس.
8. الخروج عن الموضوع.
9. انتباه المعلم.
10. متابعة حول المدرسة.
11. عدم التخطيط.
12. التأخر عن الحصة لكل من الطلاب والمعلم.
13. تصحيح الدفاتر.
14. النوم.
15. التعزيز الزائد عن حده.
16. الخوض من مشاكل.
17. خروج الطلاب إلى الحمام بكثرة.
18. الدخول بدون تحضير.
19. خروج المعلم من الحصة.
20. التحدث مع زميل آخر.
21. الخروج من إطار الدرس.
22. التحدث عن الذات.
23. ضعف الشخصية. التركيز على طالب.

24. إطالة الواجب الصفي.
25. إخراج الطلاب من الصف.
26. افتعال مشكلة.
27. عدم إدارة الوقت.
28. مراجعة المرشد.
29. غياب الاستعداد النفسي.
30. التركيز على الطالب الضعيف.
31. التكرار الممل.
32. حدوث مواقف سلبية.
33. التحدث عن الأمور الشخصية.
34. إرسال الطلاب لإحضار بعض الأشياء.
35. معاقبة الطلاب.
36. عدم القدرة على ضبط الصف.
37. عدم التقيد بالخطة.
38. التكليف بعملية تنظيف الصف.
39. قد أثير مشكلة اجتماعية.
40. الهاتف النقال.
41. قراءة الصحف المحلية.
42. التحدث عن مشكلة خارج الموضوع لطرح سؤال خارجي عن الموضوع.
43. هدر الوقت.
44. إهانة الطلاب.
45. السماح للطلاب بالتحضير أثناء الحصة.
46. قراءة الدرس بدل الشرح.
47. معاقبة بعدم إعادة الشرح.
48. الحديث في قضية لا علاقة لها بموضوع الحصة.

49. جعل الطلاب يقرءون قراءة صامتة.
50. سرد النكات
51. تكليف الطلاب بعمل تمرينات، أو وسائل.
52. التحدث عن مشكلة بيتية.
53. قراءة الدرس.
54. إعطاء الدرس قصاصا".
55. طرح مشاكل عامة يواجهها الطلاب.

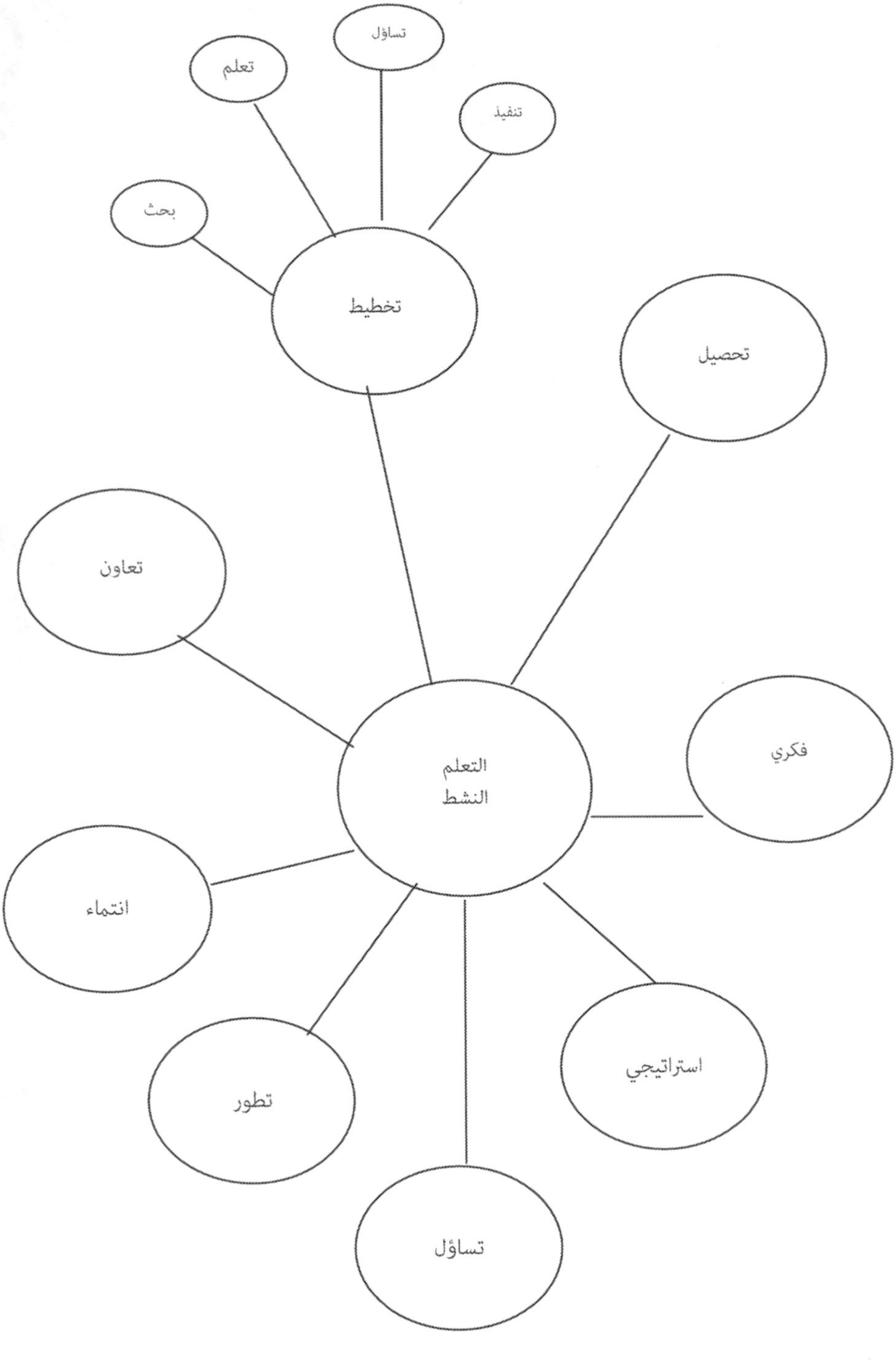
تساؤل
تعلم
تنفيذ
بحث
تخطيط
تحصيل
تعاون
التعلم
النشط
فكري
انتماء
استراتيجي
تطور
تساؤل

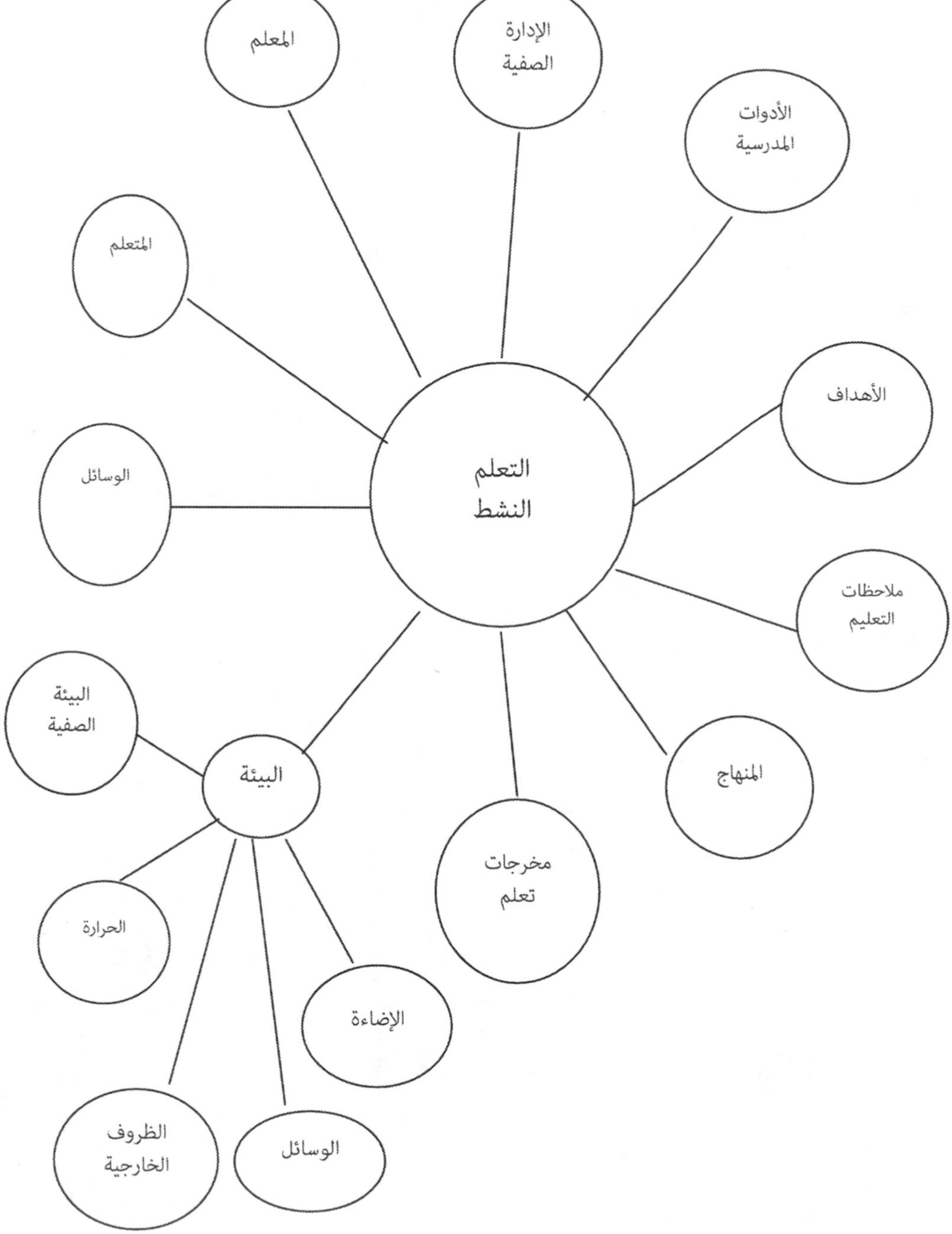
التعلم النشط
المعلم
الإدارة الصفية
الأدوات المدرسية
الأهداف
ملاحظات التعليم
المنهاج
مخرجات تعلم
البيئة
البيئة الصفية
الحرارة
الإضاءة
الوسائل
الظروف الخارجية
الوسائل
المتعلم

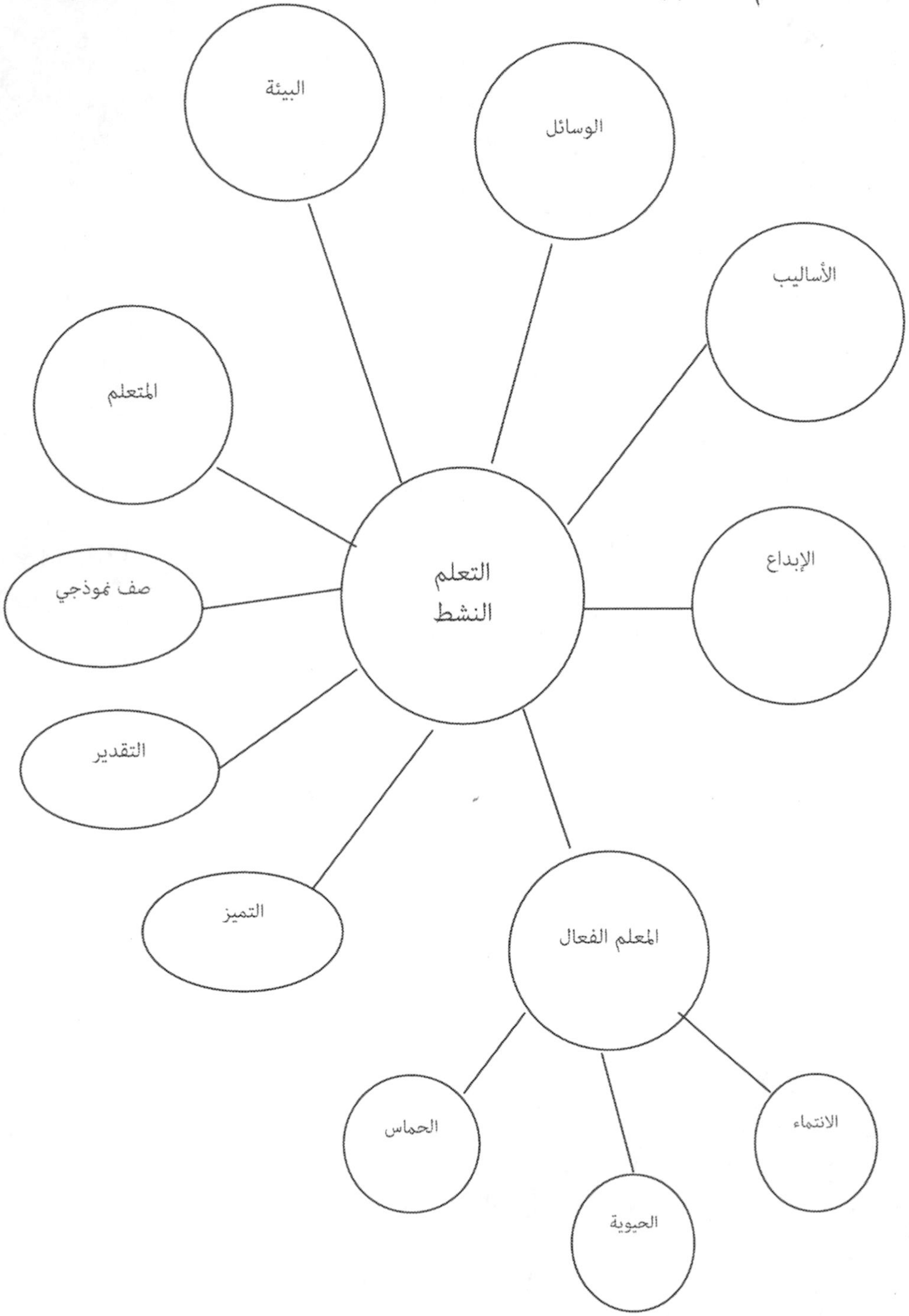
البيئة
الوسائل
الأساليب
المتعلم
التعلم
النشط
الإبداع
صف نموذجي
التقدير
التميز
المعلم الفعال
الحماس
الانتماء
الحيوية

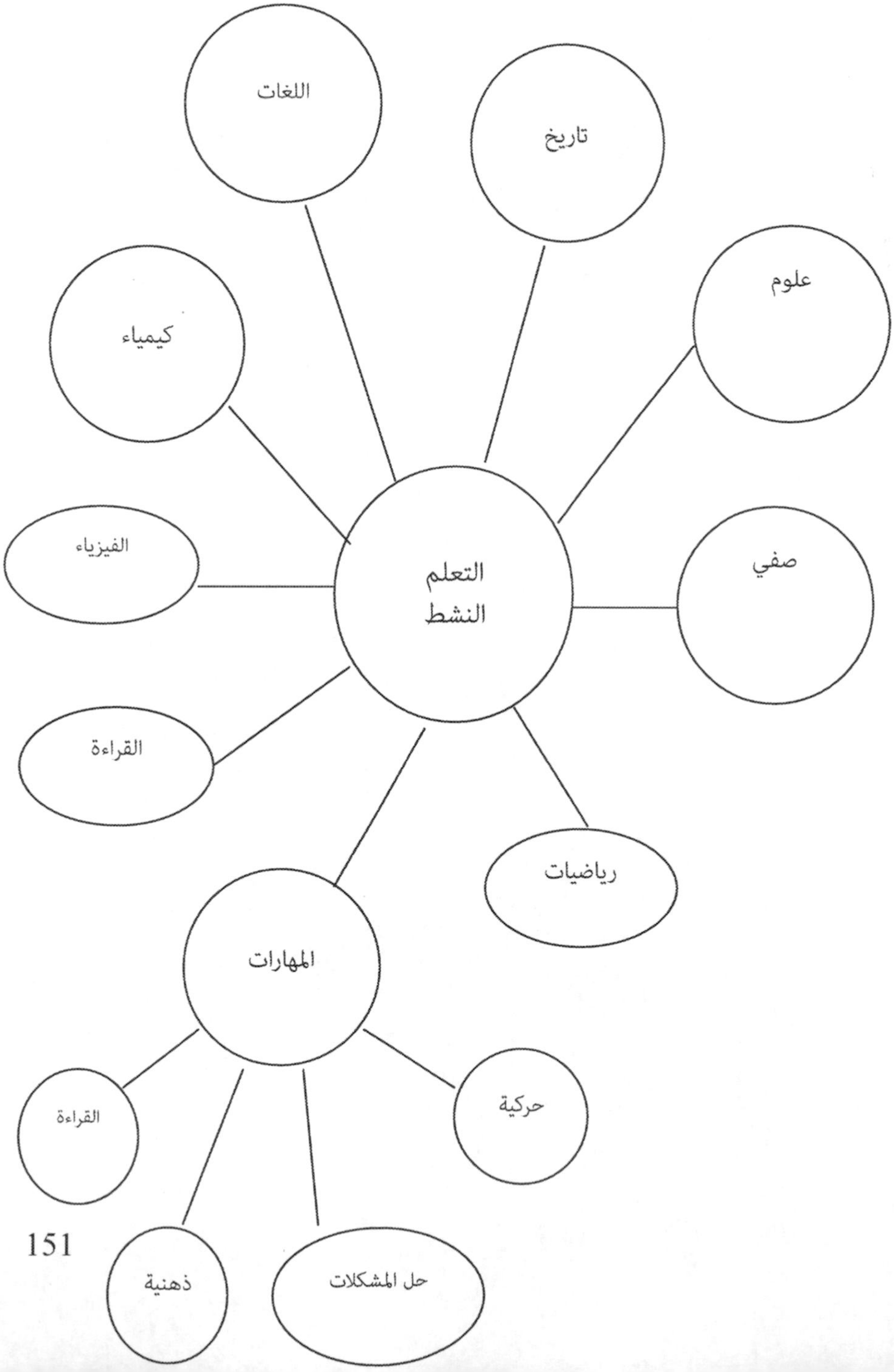
اللغات
تاريخ
علوم
كيمياء
الفيزياء
التعلم النشط
صفي
القراءة
رياضيات
المهارات
القراءة
حركية
ذهنية
حل المشكلات

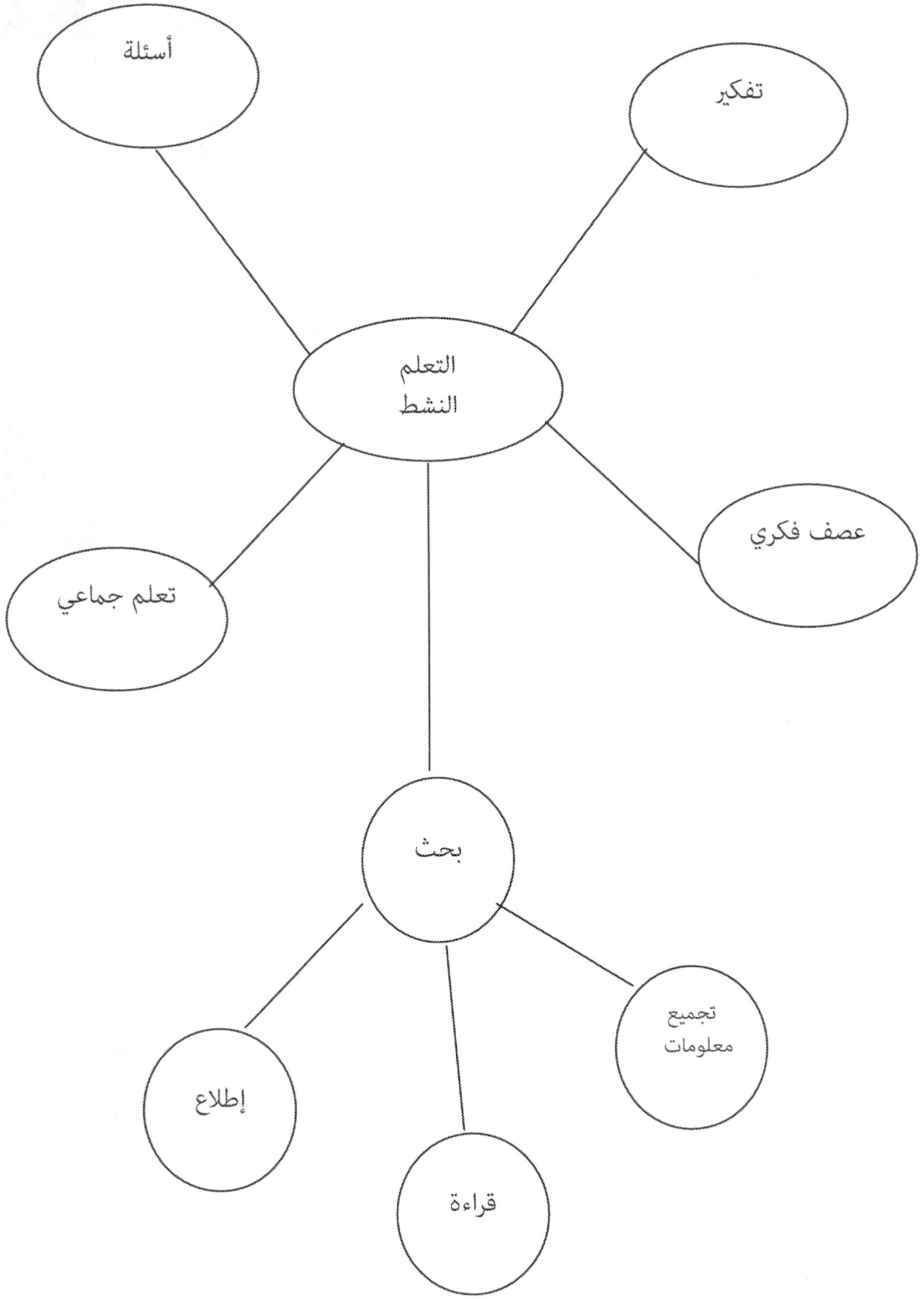

أسئلة
تفكير
التعلم النشط
عصف فكري
تعلم جماعي
بحث
تجميع معلومات
إطلاع
قراءة

العمل في مجموعات
(Working In Groups)

1. **آلية التوزيع** (توزيع الكل إلى مجموعات صغيرة).
   - كم عدد المجموعات؟
   - كم عدد الأعضاء داخل كل مجموعة؟
2. **الأدوار (Roles).**
   - الميسر .
   - المدون .
   - الموقت .
   - العارض .
   - الخدماتي .
   - المشجع (المحفز) .
3. **المهمات (T asks).**

أنواع المهمات .

- المهمة البسيطة .
- المهمة المتعددة .
- (المهمة المتدحرجة) الكرة الثلجية.
- مهمة فردية .
- مهمة عمل جماعية (مهمة كل الصف).

الوقت والتعلم النشط

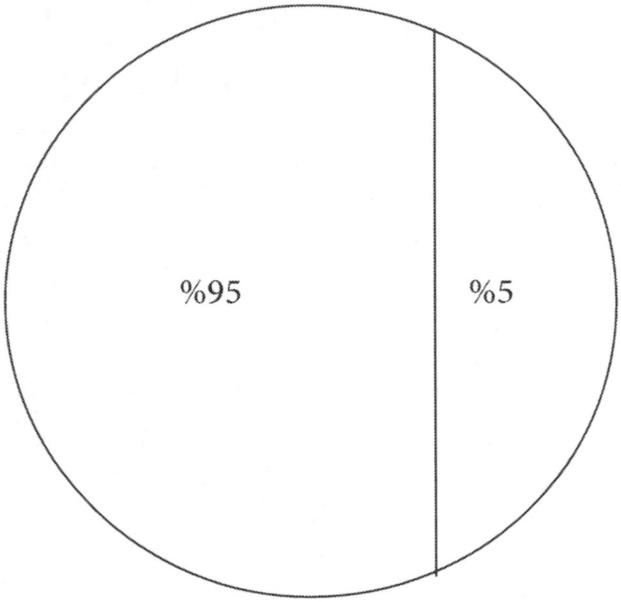

95 % وقت للطلاب

5 % وقت للمعلم

أساليب التدريب التشاركي

1. عمل المجموعات.
2. عصف الأفكار.
3. المناقشة.
4. لعب الأدوار.
5. دراسة حالة.

مجموعات العمل (Group Working)

إعطاء مهمة معينة لمجموعة من الطلاب ليعملوا بها فترة محددة ثم عرض عمل هذه المجموعة.

- **إرشادات مجموعات العمل:**

1. يفضل الا يزيد عدد الأفراد عن خمسة.
2. تقوم المجموعة باختيار قائد، ومقدم، ومقرر.
3. يجب توزيع الأدوات المستخدمة قبل تقسيم المجموعة.
4. يستخدم هذا الأسلوب لحث الطلاب الخجولين على المشاركة.
5. إعطاء التعليمات قبل توزيع المجموعات.

عـصـف الأفكار

(Brainstorming)

استثارة عقل المتدربين حول نقطة معينة لتوليد أكبر كم من الأفكار بأقل وقت ممكن.

- **إرشادات عصف أفكار:**

1. طـرح سؤال فـي البداية، أو عـرض صـورة، أو مشهد، أو كلمة، أو مشكلة .... الخ.
2. كتابة الأفكار على لوح.
3. يجب ألا يعترض المعلم على أي إجابة.
4. على المعلم ألا يصدر أحكاما على الطلاب.
5. التأكد من مشاركة الجميع.
6. تجميع وتصنيف الكلمات.

المناقشة
(Discussion)

يستخدم هذا الأسلوب لزيادة ترسيخ موضوع ما في أذهان المشاركين.

- **إرشادات المناقشة:**

1. لا يحتكر المعلم الحديث.
2. إدارة الوقت بفاعلية.
3. الاحترام المتبادل بين المشاركين.
4. تلخيص النقاط الرئيسة الناتجة عن المناقشة.

لعـب الأدوار

(Role Play)

يستخدم في الحالات التي تحتاج إلى إظهار السلوك الإنساني وتحسين العمل مع الناس.

- **إرشادات لعـب الأدوار:**

1. اختيار موقف له علاقة بالطلاب.
2. توزيع الأدوار على الطلاب.
3. تقمص دور الشخصية جيدا.

دراسـة حـالـة
(Case Study)

جعل الطلاب يعيشون حـالـة واقعيـة.

- **إرشادات لدراسـة الحالة:**

1. أن تناسب اهتمامات الطلاب.
2. واقعية قدر الإمكان.
3. سهلة، وواضحة، وخالية من الغموض.
4. تتضمن قرارا، أو عملا في موقف ما.

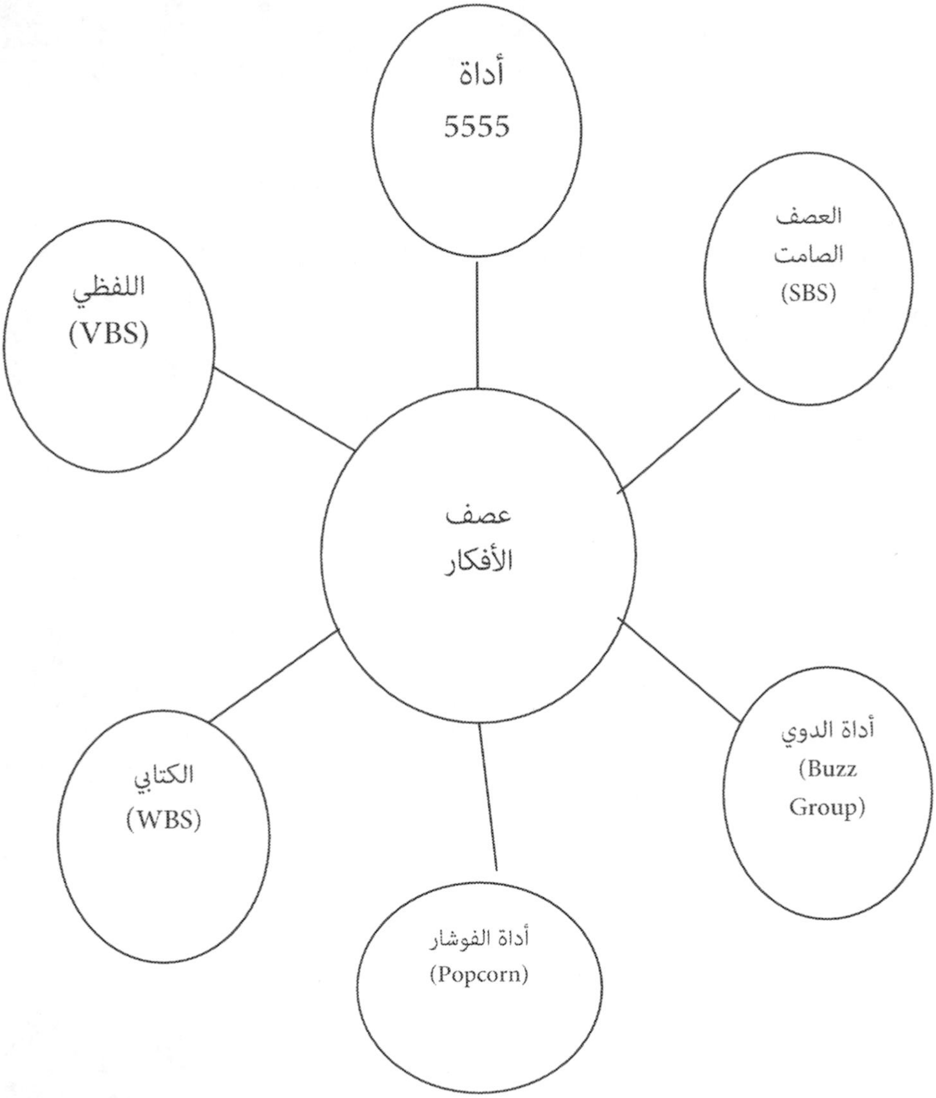
أداة
5555
العصف
الصامت
(SBS)
اللفظي
(VBS)
عصف
الأفكار
الكتابي
(WBS)
أداة الدوي
(Buzz
Group)
أداة الفوشار
(Popcorn)

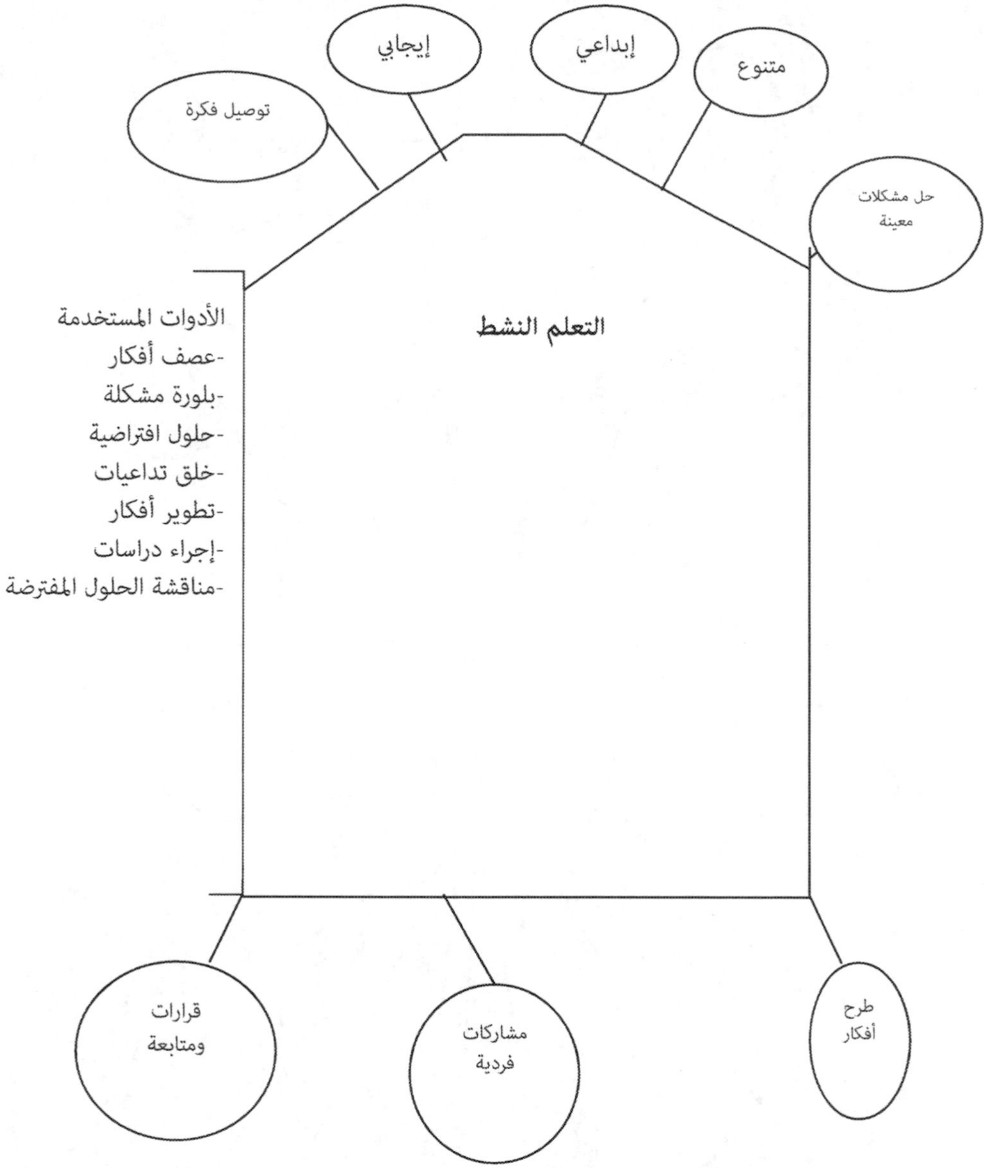
إيجابي
إبداعي
متنوع
توصيل فكرة
حل مشكلات معينة
التعلم النشط
الأدوات المستخدمة
-عصف أفكار
-بلورة مشكلة
-حلول افتراضية
-خلق تداعيات
-تطوير أفكار
-إجراء دراسات
-مناقشة الحلول المفترضة
قرارات ومتابعة
مشاركات فردية
طرح أفكار

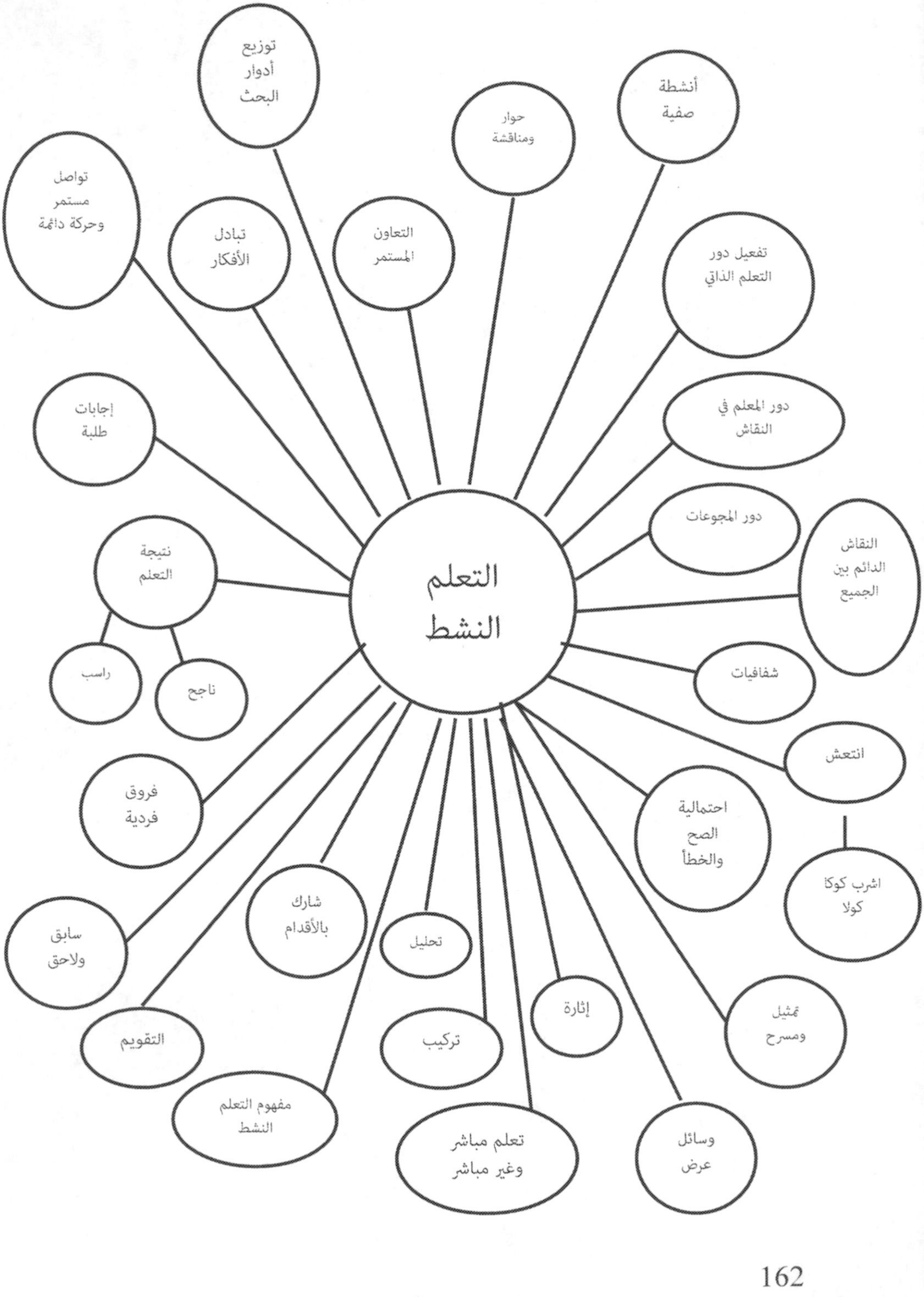
التعلم النشط
توزيع أدوار البحث
أنشطة صفية
حوار ومناقشة
تواصل مستمر وحركة دائمة
تبادل الأفكار
التعاون المستمر
تفعيل دور التعلم الذاتي
إجابات طلبة
دور المعلم في النقاش
دور المجوعات
نتيجة التعلم
النقاش الدائم بين الجميع
راسب
ناجح
شفافيات
انتعش
فروق فردية
احتمالية الصح والخطأ
اشرب كوكا كولا
شارك بالأقدام
سابق ولاحق
تحليل
إثارة
تمثيل ومسرح
التقويم
تركيب
مفهوم التعلم النشط
تعلم مباشر وغير مباشر
وسائل عرض

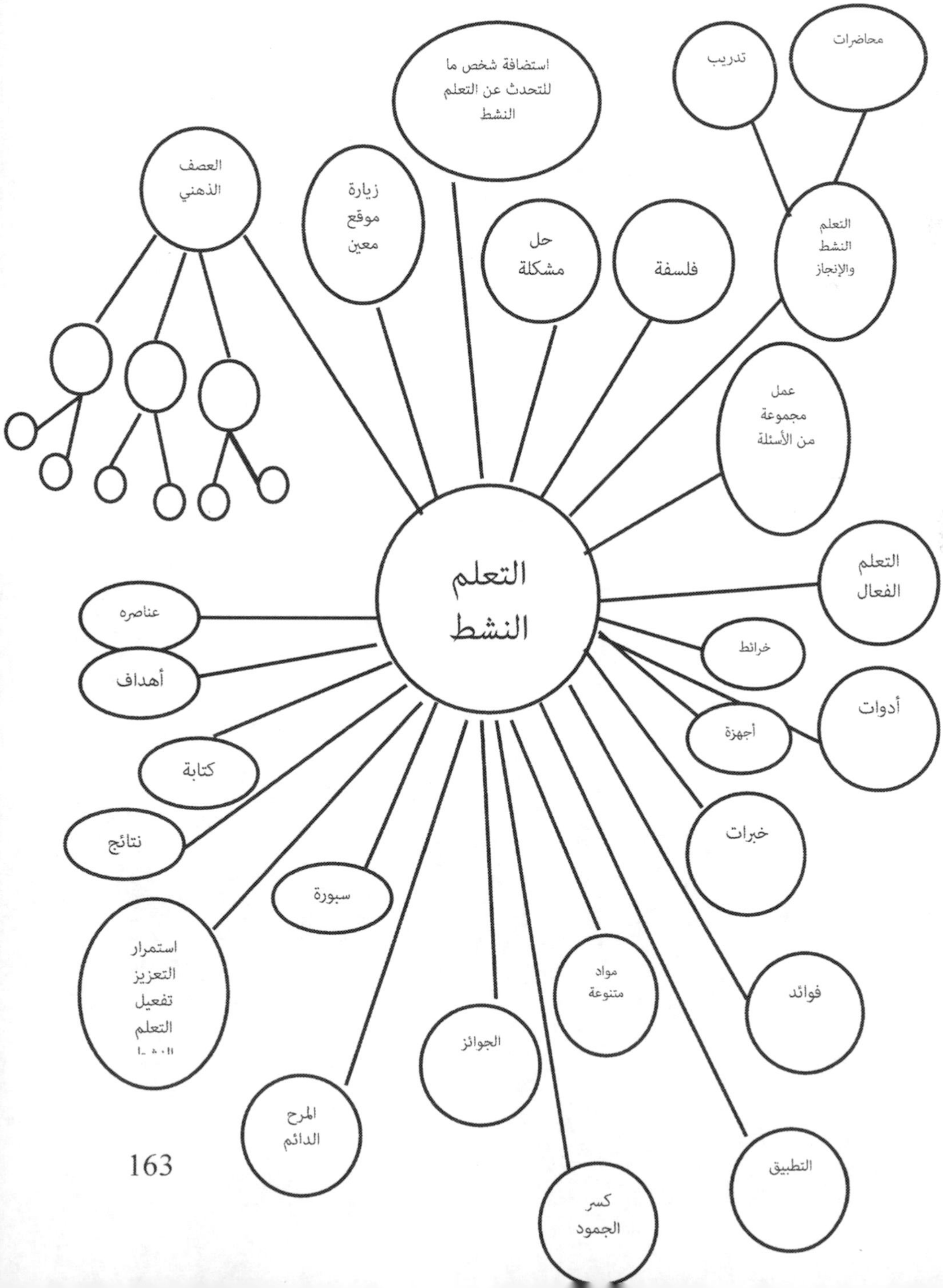
التعلم
النشط
العصف
الذهني
زيارة
موقع
معين
استضافة شخص ما
للتحدث عن التعلم
النشط
حل
مشكلة
فلسفة
تدريب
محاضرات
التعلم
النشط
والإنجاز
عمل
مجموعة
من الأسئلة
التعلم
الفعال
خرائط
أدوات
أجهزة
خبرات
فوائد
التطبيق
مواد
متنوعة
كسر
الجمود
الجوائز
المرح
الدائم
سبورة
استمرار
التعزيز
تفعيل
التعلم
نتائج
كتابة
أهداف
عناصره

أفضل حالات التعلم

أكون في أفضل حالات التعلم عندما:

1. أكون مرتاحة من هموم الحياة في سكون الليل.
2. أكون مع مجموعة صغيرة ولدي حرية اتخاذ قرار.
3. أكون في وضع روحي جيد.
4. أكون في وضع صحي جيد، وفي وقت مناسب.
5. أكون مرتاح نفسيا، لدى ثقة بالنفس.
6. أكون في وضع حلمي ونفسي جيد.
7. أكون بمفردي دون أي تدخلات.
8. أكون في وضع اجتماعي جيد.
9. أكون غير خاضع للتقييم.
10. يكون الموضوع ذا قيمة مستقبلية لي.
11. أكون مرتاحا".
12. أكون في وضع نفسي وصحي جيد، المقصود بالوضع النفسي تقدير الآخرين لعملي.
13. أكون في مكان هادئ.
14. أكون في الصباح.
15. اشعر براحة في مدرستي.

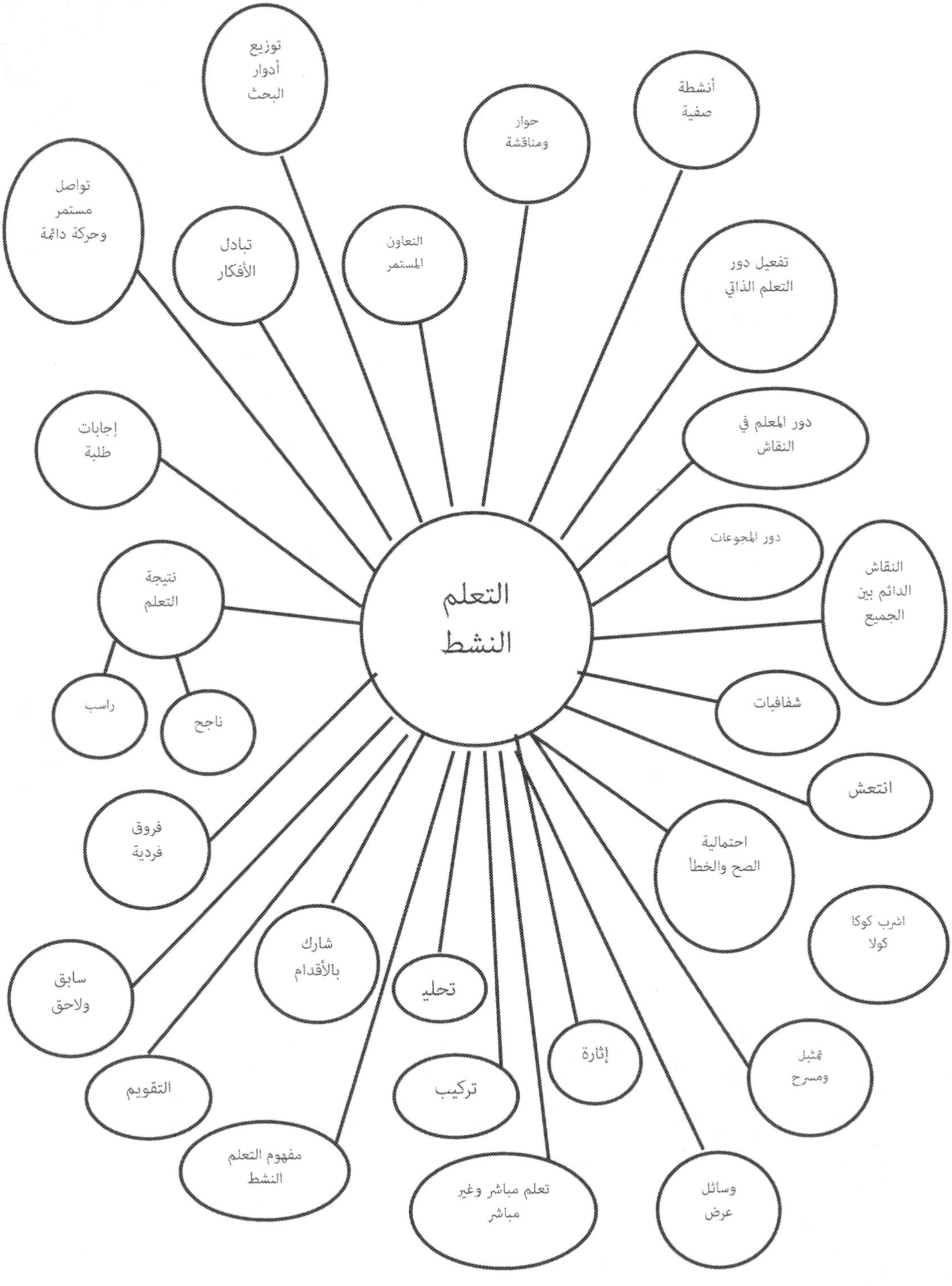
التعلم النشط
توزيع أدوار البحث
أنشطة صفية
حوار ومناقشة
تواصل مستمر وحركة دائمة
تبادل الأفكار
التعاون المستمر
تفعيل دور التعلم الذاتي
دور المعلم في النقاش
إجابات طلبة
دور المجوعات
النقاش الدائم بين الجميع
نتيجة التعلم
راسب
ناجح
شفافيات
انتعش
فروق فردية
احتمالية الصح والخطأ
اشرب كوكا كولا
شارك بالأقدام
تحلي
سابق ولاحق
تمثيل ومسرح
إثارة
التقويم
تركيب
مفهوم التعلم النشط
تعلم مباشر وغير مباشر
وسائل عرض

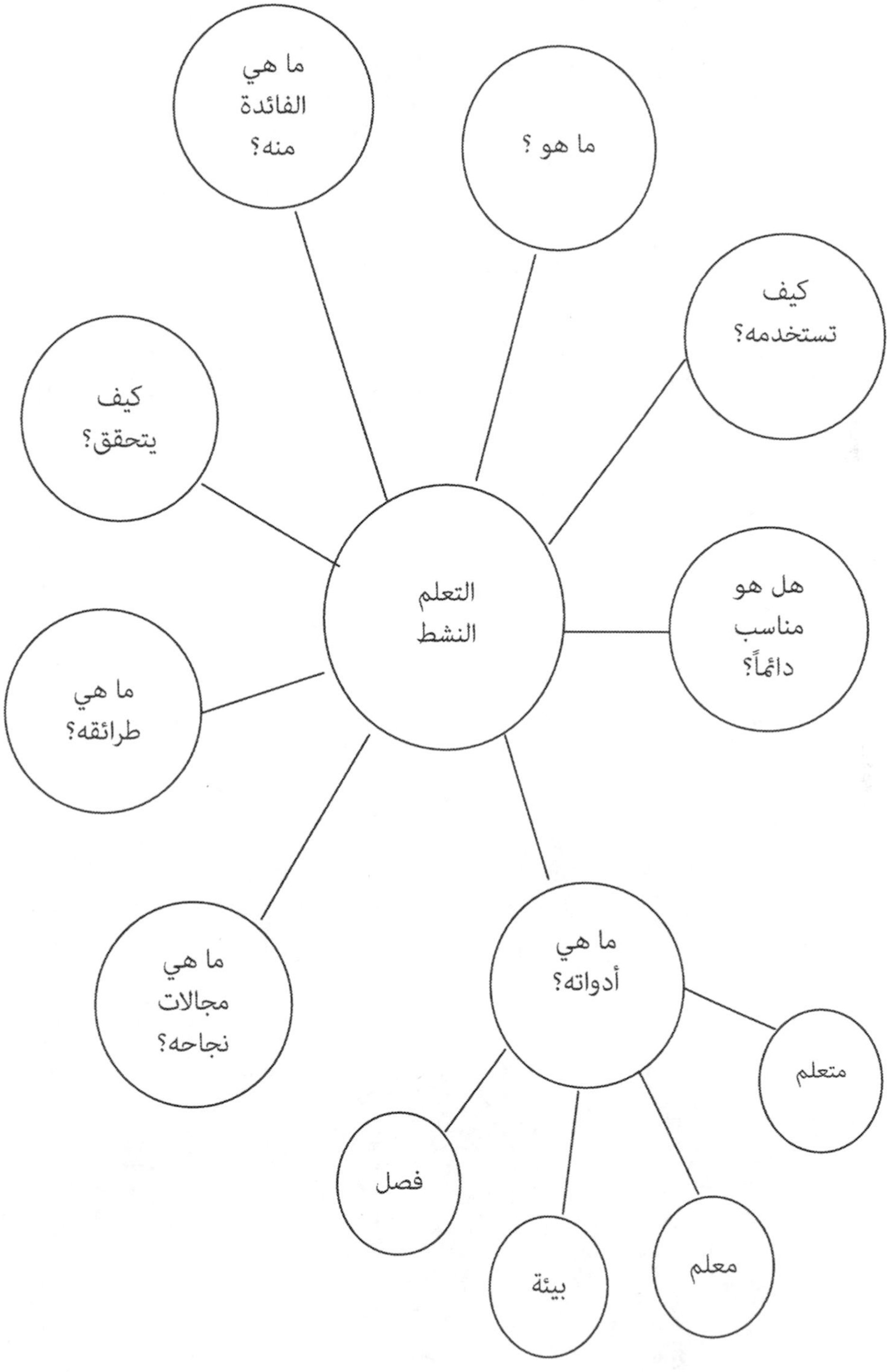
التعلم النشط
ما هو ؟
ما هي الفائدة منه؟
كيف تستخدمه؟
هل هو مناسب دائماً؟
ما هي أدواته؟
متعلم
معلم
بيئة
فصل
ما هي مجالات نجاحه؟
ما هي طرائقه؟
كيف يتحقق؟

أمثلة على خرائط ذهنية بسيطة من عمل المعلمين على التعلم النشط

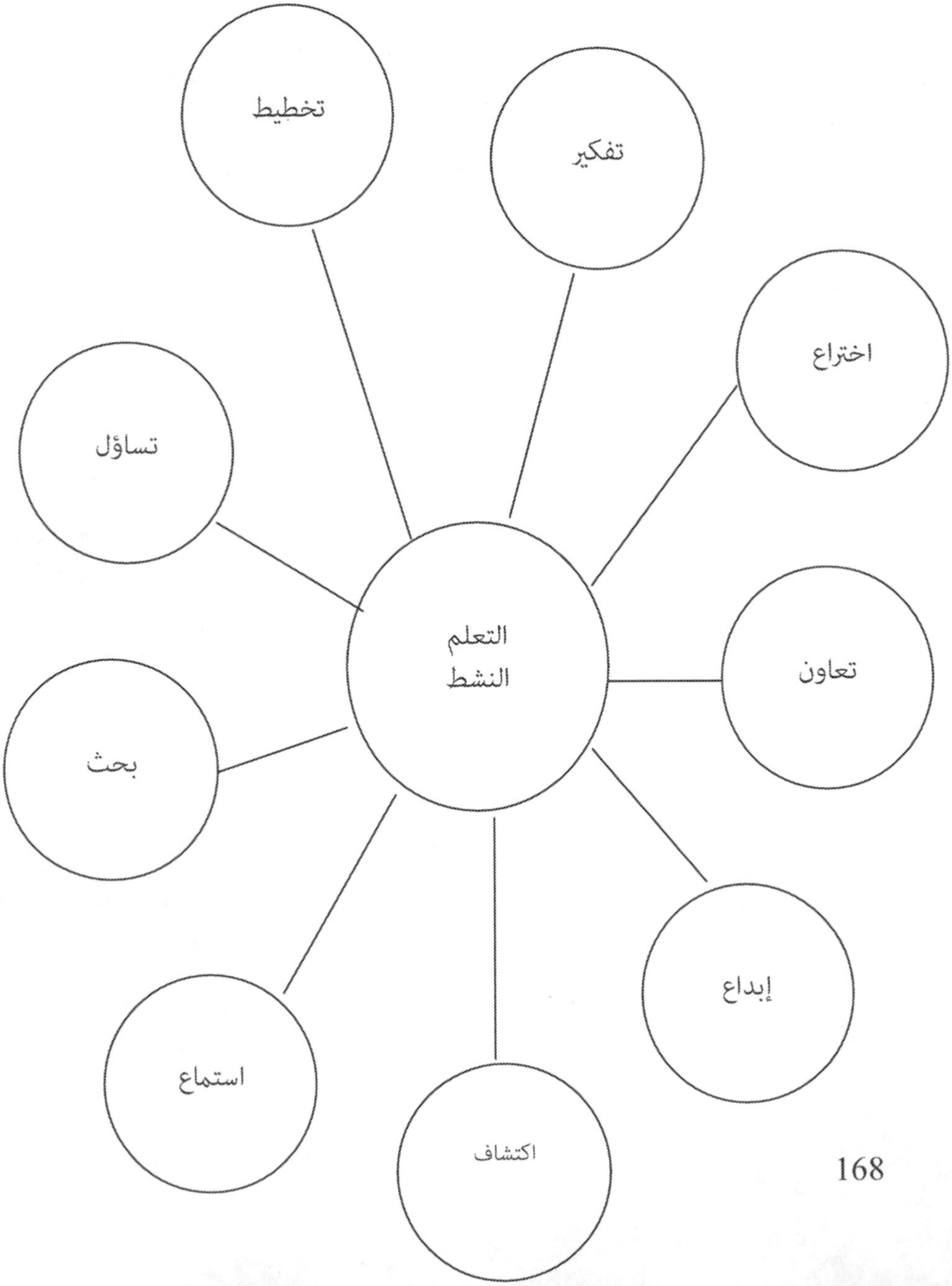

أدوات تحـليل
(Analysis Tools)

تحليل مشكلة. ◯

تحليل مفهوم. ◯

تحليل هدف. ◯

تحليل موقف. ◯

أداة الخارطة الذهنية البسيطة. ☐

أداة الخارطة الذهنية المتوسطة. ☐

أداة الخارطة الذهنية المعقدة. ☐

أدوات الأسئلـة

- أداة الأسئلة الشائعة.
- أداة السؤال الأساسي.
- أداة أسئلة التعلم.
- أداة أسئلة الحائط.
- أداة الخدم الستة الأمينة.
- أداة السؤال المفتوح.
- أداة السؤال السابر.
- أداة السؤال على اللوح.
- أداة (3W).

أدوات إبـداعيـة

- أداة المساحة المحدودة.
- أداة الاستعمالات المتعددة.
- أداة حل مشكلة.
- أداة الرسم (حر/مقيد غرضي).
- أداة السيناريوهات الفرضية.

أدوات التعلم النشط
مقدمة من مجموعة عمل بوساطة أداة خارطة ذهن بسيطة

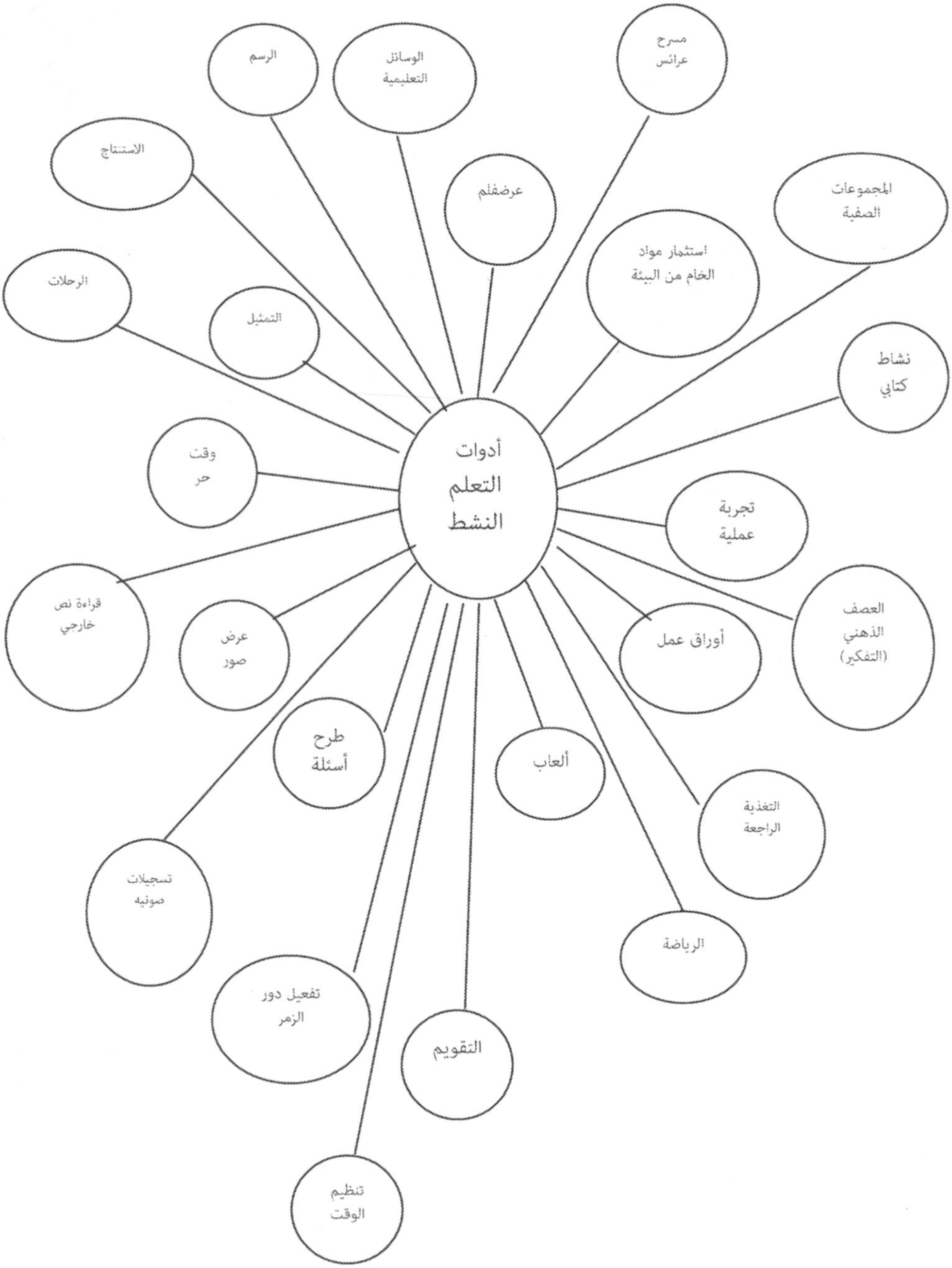

الفصل السادس
أنموذج على فعاليات تعليمية باستخدام أسلوب التعلم النشط

ورشة تعليمية
"مشروع العمر"

دليل المعلم

وزير التربية والتعليم في الأردن في زيارة لورشة عمل
أدارها المؤلف حول التعلم النشط

مشروع العمر في سطور

ورشة عمل ليوم واحد ولمدة تتراوح ما بين (5-6) ساعات من العمل المتواصل، يقودها معلم تستهدف ما بين (80-100) طالب يلتقون بقاعة ملائمة .

يطبق فعالياتها معلم نشط يتدرج مع الطلاب بسلسلة من الفعاليات والمهام ذات الصبغة العملية. يؤسسون لشركات وهمية، ويوزعون الأدوار الرئيسة فيما بينهم، ويتبنون اسما، وشعارا لشركتهم، ثم يشرعون بإنتاج سلعة وفق معطيات واضحة ويتشاركون، ويمارسون كل ذلك في جو مفعم بالحيوية، والأريحية، والتعلم المتبادل، ويتنافسون لترويج سلعتهم ضمن إطار تنافسي-إيجابي.

لمحة عامة

مشروع العمر هو نشاط تعليمي يسعى في مجمله إلى إكساب الشباب مهارات التفكير الاقتصادي والاجتماعي التي تلزمهم لدخول سوق العمل بثقة واقتدار.

لقد شهدت السنوات الأخيرة تغيرات سريعة في مجال العمل والاستخدام وغدت المنافسة شديدة على الوظائف المتوافرة من القطاعين العام والخاص. إن معظم الخريجين من الجامعات والمعاهد ما زالوا يفكرون في الحصول على وظيفة دائمة ليشعروا معها بالاستقرار (Job for Life) غير أن هناك ملامح جديدة بدأت تظهر في الأفق. ففي السنوات الأخيرة شهد السوق بعض أشكال التحول حيث ظهر مفهوم توظيف الذات (Self Employment) من خلال تبني المشاريع الذاتية في الزراعة، والصناعة، والتجارة وقطاع الخدمات.

تأتي ورشة مشروع العمر كفرصة لدعم بناء الاتجاهات نحو تبني مداخل التوظيف الذاتي، وكسر عقدة الخوف من تبني التفكير بالتوظيف الذاتي والمخاطرة في سوق العمل.

إن طرق التعليم التقليدية تعطي الطلاب فرصة التفكير بموضوع ومجال محدد لكنها لا تعلم الشباب المهارات والاتجاهات اللازمة للتوظيف الذاتي وهذا ما تحاول ورشة مشروع العمر الإجابة عليه.

مشروع العمر
مرتكزات أساسية

- الهدف الأساس لورشة مشروع العمر هو انتزاع عقدة الخوف من موضوع التوظيف الذاتي.
- كثير من الناس لم يحصلوا على تعليم رسمي. أو درجة علمية في مجال دراسات الأعمال ولكنهم أبدعوا في مجال إيجاد أعمال ومشاريع خاصة بهم نجحت ثم شغلت العديد من الناس.
- كلما كان عقد البرنامج للطلاب الذين اقتربوا من التخرج إلى سوق العمل كلما كان الأثر أكثر وقعا.
- ينبغي على المعلم اختيار الرياديين والمؤسسات الداعمة اختيارا دقيقا .
- ينبغي أن يكون واضحا أنه لا يمكن تعليم الطلاب كيف يديرون عملا ناجحا في يوم واحد، ولكن يمكن لنا أن نعرضهم إلى بعض المهارات الأساسية.
- يعتمد هذا البرنامج على طرق تفاعلية ترتكز على فلسفة التعلم بالعمل (Learning By Doing) ويتم تعريض الطلاب إلى العمل بروح الفريق، وأداء المهمات، وعرض ومناقشة النتاجات ضمن الوقت المحدد.

مشروع العمر

تعريف بورشة مشروع العمر

طبيعة تنفيذ النشاط : ورشة عمل

مدة النشاط باليوم : يوم واحد

عدد الساعات : ما بين (5-6) ساعات عمل.

الفئة المستهدفة : الطلاب والشباب في الفئة العمرية من (16-25) سنة من الجنسين:

- ☐ طلبة مدارس.
- ☐ طلبة كليات مجتمع.
- ☐ طلبة جامعات.
- ☐ مؤسسات المجتمع المدني.

مشروع العمر

ورشة مشروع العمر
الأهداف العامة

يسعى هذا البرنامج إلى المساهمة مع المؤسسات الأهلية والحكومية

في تشجيع توجه قطاع الطلاب والشباب

إلى الاعتماد على الذات وانتزاع عقدة الخوف

من التوظيف الذاتي.

ورشة مشروع العمر
الأهداف الفرعية.

+ توفير فرصة عملية لاختبار قدراتنا الذاتية للعمل والإنتاج.

+ استكشاف التحديات الخاصة بعالم الأعمال.

+ ممارسة قيم التعارف والعمل الفريقي.

+ تعلم مهارة الاتصال والتواصل الفعال.

+ تشجيع المبادرات الفردية الريادية.

+ التعلم عن حل المشكلات .

+ استكشاف أفكار ريادية وإبداعية.

دليل المعلم

الأعمال والتحضيرات القبلية

(قبل انعقاد الورشة)

Things To Do Before The Worksshop

يرجى قراءة الأعمال والتحضيرات القبلية والعمل على تنفيذها تمهيدا للبدء بورشة العمل.

من نشاطات ورشة مشروع العمر

قبل الورشة

إن نجاح الورشة يعتمد إلى حد كبير على مدى الالتزام بتنفيذ الأعمال القبلية التالية.

1) قراءة الدليل قراءة متمعنة.
2) تفقد الحقيبة والتأكد من محتوياتها.
3) تحديد زمان ومكان انعقاد الورشة.
4) التعرف إلى عدد الطلاب.

5) اعتماد فكرة السلعة التي سيتم انتاجها وهناك ثلاثة أفكار يمكنك أن تختار واحدة منها هي:
- إنتاج أكياس ورقية (كيس التبضع).
- إنتاج الأطباق الطائرة.
- إنتاج بطاقات معايدة.

وقد جرى اختيار هذه السلع لكونها لا تحتاج إلى وقت طويل لانتاجها مما يتناسب والوقت المتاح.

6) التأكد من تأمين اللوازم وبكمية كافية. واللوازم المطلوبة لورشة مشروع أنظر الكشف الخاص بالمواد.

7) ينبغي زيارة موقع انعقاد الورشة قبل انعقادها للتأكد مما يلي:
- وجود قاعة كبيرة تتصف بالسعة الكافية.
- وجود ما لا يقل عن (12) طاولة لتستوعب عدد الطلاب الذي من المتوقع أن يصل إلى (100) طالب وطالبة في الورشة الواحدة.
- وجود العدد الكافي من الكراسي.
- توفير طاولة كبيرة لعرض المواد التي ستدخل في إنتاج السلعة.

- حامل ورق قلاب.
- مكبر صوت أن لزم

> ينبغي أن تكون القاعة واسعة/ إضاءة جيدة/ تهوية جيدة مع مراعاة درجة الحرارة صيفاً وشتاءاً.

من (1-2) من الرياديين الذين تلقوا دعما فنيا أو ماديا أو كلاهما من هذه المؤسسة وستجد مع نهاية هذا الدليل قائمة بأسماء وعناوين بعض المؤسسات العاملة في الأردن في مجال دعم الرياديين والمشروعات التي تبنوها.

2) مرة أخرى تأكد أن تحمل معك حقيبة الورشة وتأمين المواد. ذلك أن النقص في المواد يؤثر تأثيرا مباشرا على سير فعاليات الورشة.

3) تعرف الى المعلمين الذين سيساعدوك في إدارة الورشة.

4) رتب لأمور الضيافة والاستراحة ذلك ان هناك استراحة خفيفة سيتناول فيها الطلاب الساندويشات والعصير.

> "في كل طالب طاقة إبداعية من نوع ما"

رسم توضيحي لشكل الجلوس في القاعة

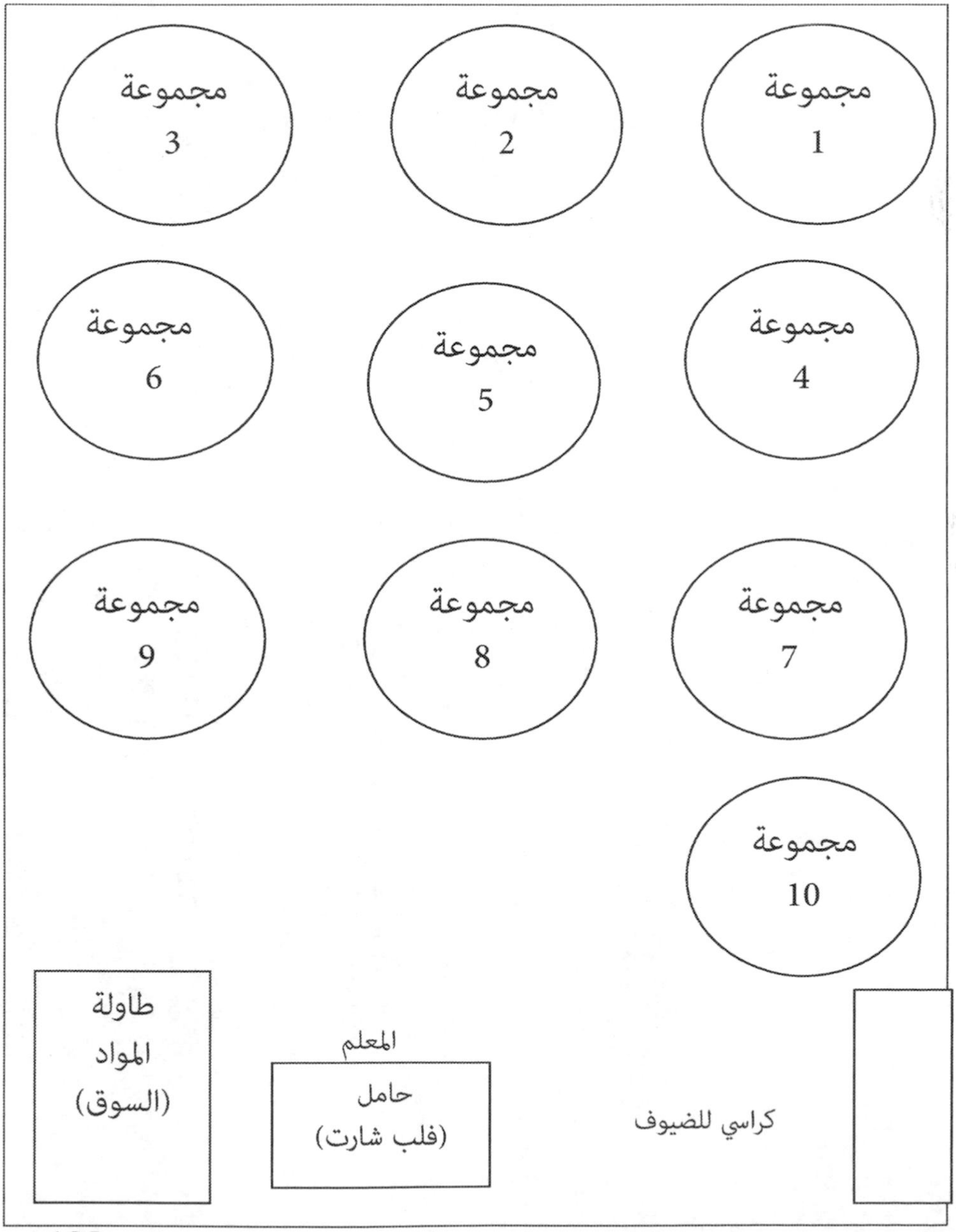

الأعمال الأثنائية

During The Workshop

(شمر عن ذراعك)

الأعمال الاثنائية

تبدأ الأعمال الآثنائية مع انطلاقة أعمال الورشة.

1) جهز كشف الحضور لتسجيل أسماء الطلاب.
2) دع الطلاب يجلسون بشكل عشوائي ذلك أن طبيعة الورشة لا تستلزم التوزيع بناء على مخطط مدروس قبليا.
3) بعد جلوس الطلاب إبدأ بالترحيب وقدم نفسك.
4) اعرض لوحة قواعد السلوك ثم ثبتها على الحائط مع التأكيد على القواعد السلوكية التالية:

قواعد ورشة مشروع العمر

الاستعداد للتعلم.

الاستماع الفعال.

المشاركة بأقصى طاقة ممكنة.

المنافسة الايجابية.

الالتزام بأوقات الأنشطة المحددة.

احترام عمل المجموعات الأخرى.

إعادة المواد بعد استخدامها إلى الميسر.

نقل الخبرات إلى الآخرين في مجتمعي المحلي.

5) اعرض لوحة أهداف الورشة وقم باستعراضها وثبتها في مكان بارز:
6) ابدأ بتوزيع الباجات واطلب الى الطلاب تتبع ارشادات استخدامها تدريجيا.

ملاحظة: يعتمد التنظيم في هذه الورشة على مدى التزام المشاركين باستخدام الباجات وفقاً لتعليمات المعلم.

هناك ثلاثة أنواع من المعلومات سوف يطلب الى الطلاب تثبيتها على الباجات هي:

- الاسم
- الدور الذي حصل عليه بعد انتهاء نشاط توزيع الأدوار.
- الرقم.

انظر الشكل التوضيحي التالي لباجة فارغة:

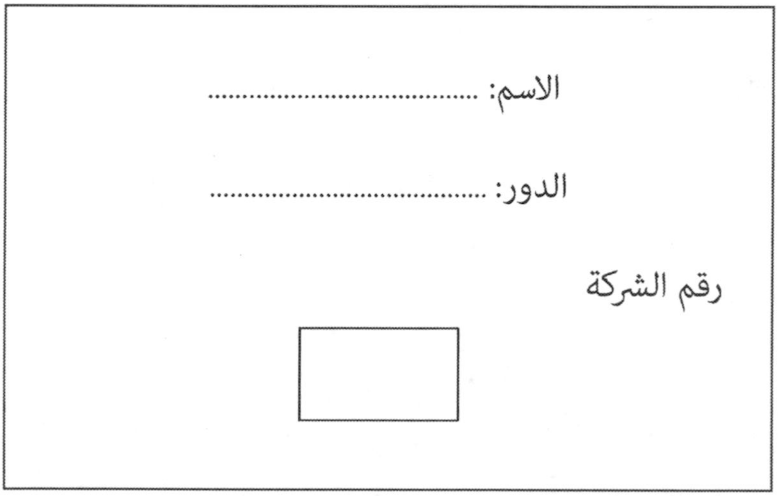

شكل رقم (1)

الاسم: ....علي سلمان الفرجات............

الدور: ....مدير تسويق....................

رقم الشركة

1

شكل رقم (2)

الرقم الذي بداخل المربع هو رقم الشركة. تذكر أن التعامل حتى هذه اللحظة هو مع أرقام وليس مع أسماء شركات لكون نشاط تسمية الشركات لم يبدأ بعد.

7) ابدأ الآن بترقيم المجموعات عشوائيا حسب عدد المجموعات الموجودة وانتبه إلى عدد أفراد المجموعة الواحدة وأعد التوزيع من جديد لتتساوى المجموعات من حيث عدد أفرادها.

ابدأ بالترقيم لفظيا أو قدم بطاقات مرقمة من (1) وحتى الرقم الذي يتطابق مع عدد المجموعات الموجودة في القاعة.

مثال: عدد المجموعات (10) وهذا يعني أنك ستشير إلى كل مجموعة مستقلة بقولك 1، 2، 3، 4، 5، 6، 7، 8، 9، 10.

8) أطلب إلى كل مجموعة أن تكتب داخل المربع الرقم الذي حصلت عليه.

> مثال: مجموعة (4) جميع أفرادها يكتبون رقم الشركة
>
> 4

9) تأكد أن جميع المجموعات قد كتبت الرقم الذي حصلت عليه وبهذا يصبح كل طالب قادرعلى معرفة المجموعة التي ينتمي اليها.

10) اطلب من جميع الطلاب أن يكتبوا اسمائهم على الباجات وأن يتركوا مساحة كافية لمسمى الدور لاحقا.

11) أعلم الطلاب أن النشاط القادم هو نشاط توزيع الأدوار داخل الشركات الوهمية، وأعلمهم أنهم الآن داخل شركات دون الحديث عن اسم، ومجال عمل الشركة.

12) اعرض لوحة الأدوار المطلوبة، واستعرض محتواها وثبتها في مكان بارز.

13) وزع صحيفة توزيع الأدوار داخل الشركة.

14) قم بشرح محتوى الصحيفة شرحا جيدا.

15) امنح الطلاب مدة (10-15) دقيقة لانجاز مهمة توزيع الأدوار.

16) اطلب إلى كل مشارك أن يكتب على لافتة الصدر مسمى الدور الذي حصل عليه.

ورشة مشروع العمر
الأدوار المطلوبة

- ☐ مدير الشركة (مدير الإدارة)
- ☐ مدير مالي (مدير المال) .
- ☐ مدير الإنتاج.
- ☐ السكرتير/ السكرتيرة.
- ☐ مدير التسويق.
- ☐ مدير التصميم
- ☐ مدير المشتريات.

ملصق قياس 50 سم × 70سم

ورشة مشروع العمر
صحيفة توزيع الأدوار داخل الشركة

سوف تحتاج إلى معرفة تامة بأعضاء الفريق، والتأكد من تفهم الجميع لأهمية القيام بالمطلوب، لإيجاد فرصة لتشغيل ذاتك.

استخدم الجدول التالي لمناقشة كل عضو في الفريق والخصائص القوية التي يملكها. قم بتثبيت الاسم مع وضع إشارة في الصندوق المناسب.

الأسماء / الخصائص والسمات					
قدرة على بناء علاقات جيدة والتعامل الحسن مع الناس.					
قدرة فنية على التصميم.					
الثقة بالذات.					
الإبداعية					
القيادة.					
صانع قرار جيد.					
مبادر					
متصل جيد					
يتعامل جيدا مع الأرقام والمنطق					
مهارات تنظيمية					

لكي ينجح أي عمل من الأعمال فإن على الأعضاء العمل كفريق واحد ولكن مع ضرورة وجود دور واضح لكل عضو داخل الفريق.

استخدم نتائج الدراسة السابقة، التي حصلت عليها عن أعضاء فريقك، إلى جانب المعلومات المبينة تاليا لتقرير الأشخاص الذي سيتولون الأدوار. على كل عضو من أعضاء الفريق بعد ذلك كتابة اسم الدور على الباجة التي يحملها.

مدير الإدارة:

هو القائد الذي يشجع الأعضاء للعمل معا كفريق واحد لديه مهارات اتصالية جيدة ورؤية وقدرة على حل المشكلات.

مدير المال:

قادر على العمل بسرعة ودقة مع الأرقام منظم جدا، ويمتلك مهارات اتصالية جيدة لتوضيح وتفسير الحقائق والأرقام المعقدة للآخرين.

مدير التصميم :

مبدع لديه العديد من الأفكار ومسؤول عن ايجاد تصاميم مختلفة. وهو مسؤول أيضا عن تصميم شعار الشركة.

مدير الانتاج:

يزود الشركة بعمليات تصنيع فعالة، منظم جدا ولديه مهارات اتصالية وقادر على تحفيز الآخرين.

ملاحظات هامة للمعلم

أ- إن نشاط توزيع الأدوار هو نشاط تعلمي الغرض منـه تعلـيم الطـلاب أهميـة الأدوار في حياتنـا، ومن هنا على المعلم أن يقدم للطلاب عددا من الأمثلة على الأدوار في حياتنا.

مثال:

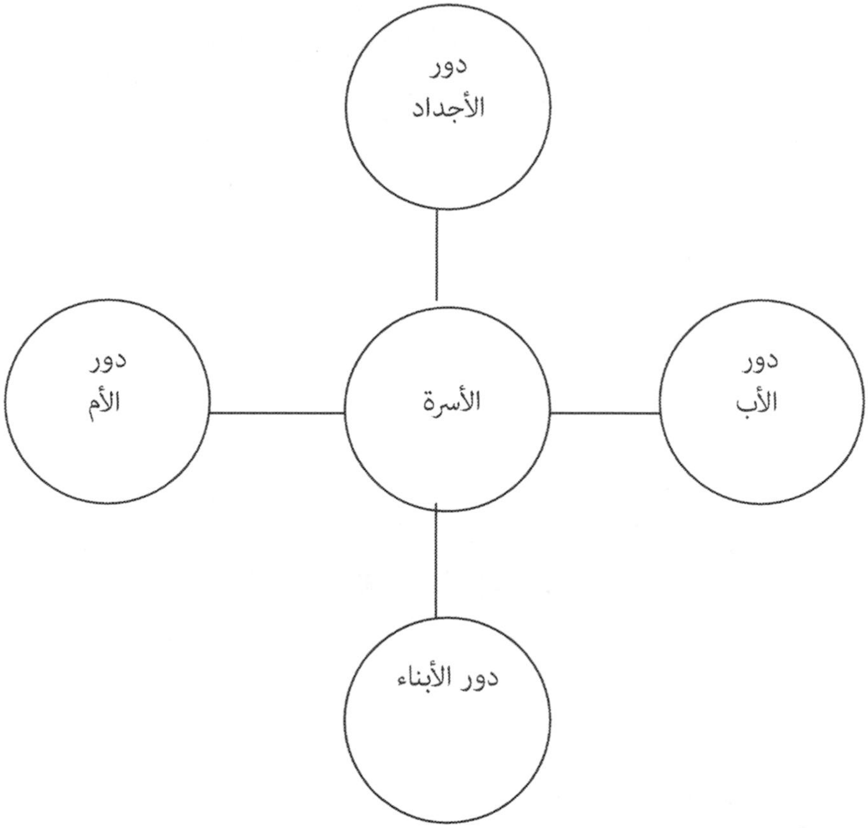

ب- من المتوقع أن لا ينفذ الطلاب توزيع الأدوار فيما بينهم بالدقة المتناهية ووفق الكفايات الواردة في صحيفة توزيع الأدوار داخل الشركة ولهذا فإن الهدف المنشود هو لفت الانتباه إلى أهمية الأدوار في حياتنا وحياة المؤسسات والشركات.

ج- أذكر للطلاب أنه في عالم الأعمال الحقيقي فإن الشخص الواحد يمكن أن يقوم بأكثر من دور واحد في آن واحد.

د- بالنسبة للطلاب الذين لم يحصلوا على أدوار فإن بإمكانهم تسليم أدوار (نائب) لأي من الأدوار السابقة.

مدير الشركة ←	نائب مدير الشركة
مدير التسويق ←	نائب مدير التسويق

حان الآن تقديم المسابقة رقم (1). المسابقة للشركة الواحدة كفريق وليس كفرد. تمنح الشركة الفائزة كيس حوافز عدد واحد.

قائمة مراجعة رقم (1)

- تأكد من أنك قد أنهيت الأنشطة التالية:✓
- تسجيل أسماء الطلاب.
- توزيع الطلاب إلى مجموعات .
- رحبت بالطلاب.
- قدمت نفسك.
- عرضت قواعد السلوك.
- ناقشت أهداف الورشة.
- وزعت المواد والباجات.
- شرحت تعليمات استخدام الباجات.
- انتهيت من نشاط ترقيم المجموعات.
- انتهيت من نشاط توزيع الأدوار.

تابع الأنشطة اللاحقة

17) اعلم الطلاب أن النشاط الحالي يهدف إلى إنجاز المهمات التالية:
أ- تحديد قطاع عمل الشركات (Sector).
ب- تسمية الشركات (Name).
ج- اعتماد شعار للشركة (Logo).

18) ابدأ بالسيناريو التالي :
أ- وضح للطلاب أن قطاع عمل الشركات الخاصة بهم سيكون في مجال مثلا التعامل مع الورق وإعادة تدوير الورق وصناعة المواد الورقية بأشكالها المختلفة هذا إذا كنت بطبيعة الحال قد قررت سلفا أن السلعة التي تريد من الشركات إنتاجها هو (كيس الأسرة) أو (كيس التسوق) وهذا ليس فرضا عليك حيث أننا قد أشرنا مع بداية هذا الدليل إلى إمكانية اختيار سلعة واحدة من بين ثلاثة سلع هي:

- كيس الأسرة (كيس التبضع/ التسوق).
- الأطباق الورقية الطائرة.
- بطاقات معايدة .
-

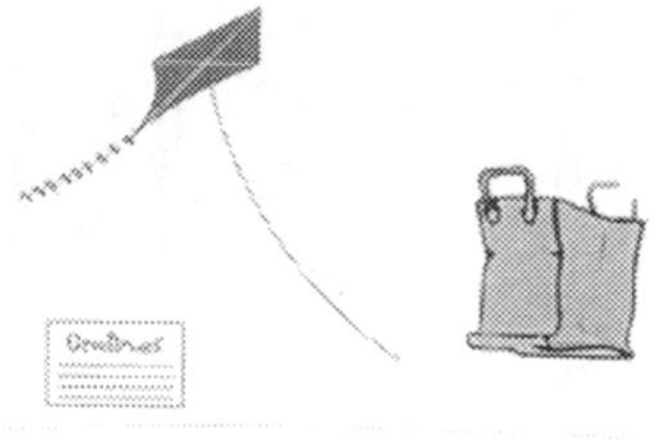

إذن وحسب ما تختار عليك أن تسير بأنشطتك في الورشة حسب السلعة التي قررت اعتمادها ولو افترضنا هنا أنك قدر قررت سلعة الكيس الورقي.

ب- أعد التوضيح من جديد إلى أن قطاع عمل الشركات هو في مجال إنتاج أصناف وأنواع مختلفة من المنتوجات الورقية كالأكياس، وعلب الهدايا والطباعة وما إلى ذلك.
ج- بعد ذلك وزع على المجموعات المواد التالية وأكد عليهم غير مرة عدم استخدام أية مواد من تلك المواد الموجودة على طاولة السوق (دكان أبو العز) .
1- أوراق (فلب شارت).

2- أقلام (فلوماستر).
3- مقصات.
4- لاصق ورقي.

د- وضح للطلاب ان المطلوب منهم هو اعتماد اسم وشعار للشركة.

اسم + شعار

واشرح لهم بعض الأمثلة من المجتمع المحلي والعالمي عن اسماء بعض الشركات وشعاراتها. ولماذا سميت بعض الشركات بأسمائها، وما علاقة هذه الأسماء بأنواع إنتاجها وشعارها وما إلى ذلك ليستأنس الطلاب أكثر فأكثر، ويقدموا على نشاط تسمية شركاتهم بوضوح ودراية.

تذكير للمعلم.

بالنسبة لنشاط تسمية الشركة وبناء شعارها فإن هذه العملية مهمة لأن المطلوب ليس فقط تسمية الشركات وبناء شعاراتها وإنما المقصود هنا هوجعل الطلاب يعيشون حالة من الإمعان والتفكير الاستراتيجي والاهتمام بالمفهوم (Concept) أكثر من النتيجة (Outcome) التي هي فقط الانتهاء من التسمية وبناء الشعار حيث أن واقع الخبرة يشير إلى أن الطلاب يميلون إلى الإسراع في إنجاز مهمة الأسماء والشعارات لشركاتهم دونما أي أهتمام وتركيز فيما يتعلق بمفهوم التخطيط للتسمية والشعار..

هـ- أكد للمشاركين على أهمية دور مدير التصميم والإبداع في هذه المرحلة بالذات من مراحل تسمية الشركة وبناء شعارها.

و- أطلب من الشركات التعامل بسرية خوفا من تسرب المعلومات إلى الشركات الأخرى التي هي الآن عاكفة على عمل ذات الشيء .

ز- بعد انتهاء هذا النشاط اطلب من كل شركة تسليم اللوحات إلى مدير التسويق فيها والذي سيتولى لاحقا استخدام هذه اللوحات.

19) نشاط الضيوف (المؤسسة الريادية ورياديوها) يبدأ هذا النشاط بعد إنتهاء الشركات من نشاط التسمية وبناء الشعار وينصح بالسير به على النحو التالي:

أ) أعلم الطلاب أن الفقرة الحالية هي للالتقاء والمشاركة مع ضيوف الورشة.

ب) قدم المؤسسة الريادية ورياديوها.

ج) اعلم الطلاب أن بإمكانهم أن يقدموا اسئلتهم بعد انتهاء فترة التقديم من (10-15) دقيقة للمؤسسة ومثلها للرياديون.

د) تابع تقديم المؤسسة الريادية لذاتها ونظم بعد ذلك فترة الأسئلة وممارسة مهارات الاستماع بعد طروحاتهم.

ه) تابع تقديم الرياديين لأنفسهم وخبراتهم وحاول تشجيع الطلاب على طرح الأسئلة على الرياديين، ومن الأسئلة المحبذ طرحها على الرياديين هي على سبيل المثال لا الحصر:

- كيف بدأتم؟
- ماذا واجهتم من صعاب وكيف تجاوزتموها؟
- ما هي الدروس المستفادة من تجربتكم؟
- ما هو دور المؤسسة قبل وأثناء وبعد المشروع؟
- هل أنتم نادمون الآن؟
- ما هي خطتكم المستقبلية؟
- كيف أثر المشروع في شخصيتكم؟

و) اشكر الضيوف بعد انتهاء فقرتهم على جهدهم وحرصهم على المشاركة معكم في فعاليات هذه الورشة.

ز) وزع على الطلاب أية نشرات، أو مطبوعات إن توفرت عن المؤسسة الريادية لكي تتيح للمشاركين التعرف إلى المؤسسات التي تدعم الرياديين وطرق الاتصال معها.

> ملاحظة: لا ننصح المعلم بتوزيع قائمة اسئلة على الطلاب للاستعانة بها عند طرح أسئلتهم لأن ذلك يقلل من فرص التلقائية وقدرة الطلاب على توليد وطرح الأسئلة من تلقاء ذاتهم ولكن بإمكان المعلم المشاركة بتقديم اسئلة إن وجد هناك حاجة لذلك

20) أعلن عن فترة استراحة لمدة ما بين (15-20) دقيقة. أكد على أهمية بقاء القاعة نظيفة.

قائمة مراجعة رقم (2)

- ✓ انتهت جميع الشركات من نشاط التسمية وبناء الشعار.
- ✓ قدمت المؤسسة التي تدعم الرياديين فقرتها.
- ✓ قدم الرياديون فقرتهم.
- ✓ أعلنت عن استراحة خفيفة.
- ✓ طلبت من الطلاب العودة لاستكمال الأنشطة.

استعد لبدء المرحلة القادمة

21) اطلب الى الطلاب العودة إلى مجموعاتهم وأعلمهم أن النشاط الحالي يستلزم أن (نشمر عن أذرعنا) وأن نعمل بجد ونشاط.

22) أعلم الطلاب بضرورة الاستماع والتركيز، وابدأ من حيث أن هناك مؤسسة تدعى: (مؤسسة حماية البيئة) وهي: "مؤسسة هدفها نشر الوعي بأهمية حماية البيئة المحلية"، وقد تبنت هذه المؤسسة مشروعا جديدا يهدف إلى نشر الوعي بأهمية مكافحة التلوث البيئي وتشجيع الناس على استخدام البدائل الآمنة غير الخطرة (الحنونة) على البيئة وقد قامت هذه المؤسسة مؤخرا بطرح عطاء على الشركات المحلية لتقديم تصميم لكيس ورقي خاص بإمكان الأسرة العربية استخدامه عند التبضع بدلا من استخدام الأكياس البلاستيكية المضرة بالبيئة ذلك أن الكيس البلاستيكي يضر بالتربة، وجمالها، والحيوانات.
أما الموصفات المطلوبة للكيس فهي على النحو التالي:

- مصنوع من الورق ولا تدخل بصناعته أية مواد بلاستيكية.
- قياس الكيس الواحد 40 سم عرض ×50 سم ارتفاع.
- كيس بمماسك قوية ومريحة.
- سعر شراء الكيس الواحد 200 فلس.
- الكمية المطلوبة (2) مليون كيس.
- التسليم بعد أسبوعين من رساء العطاء على الشركة الصانعة.

23) بإمكان المعلم القيام بلعب دورتلقائي أمام الطلاب بحيث يقوم المعلم بلعب دور مؤسسة حماية البيئة التي يجري اتصالا هاتفيا مع إحدى الشركات لعرض بنود العطاء وذلك من باب التعريف بمضمون العطاء.

24) أكتب شروط العطاء على لوحة ورقية وثبتها أمام جميع الشركات للاهتداء بها.

25) اشرح للطلاب المفاهيم المركزية التالية:

- ✓ مفهوم كلفة الانتاج المباشر وغير المباشر.
- ✓ مفهوم الكلفة الاجمالية.
- ✓ مفهوم التسعير.
- ✓ مفهوم سعر البيع.
- ✓ الربح.

ملاحظة للمعلم:

بسط المفاهيم السابقة للطلاب حسب فئاتهم العمرية، وحاول التركيز على مفهوم الاستراتيجيات من حيث كيف تقوم الشركة الواحدة بإقرار إستراتيجية الإنتاج والتسويق وبمعنى آخر ركز عند هذا الجانب على ما يعرف بمفهوم (Adapting a Strategy) تبني إستراتيجية والتي تعني المنهج المدروس الذي ستخططه شركة ما من الشركات في مجال حساب الكلفة والمنفعة، وطريقة التسعير، والعرض، والتسويق وما يرتبط بهذه المفاهيم من استراتيجيات مختلفة.

26) وزع على الشركات نماذج المواد اللازمة لإنتاج وحساب الكلفة والتسعير واطلب إليهم ما يلي:

أ- التأكد من فهم المهمة وشروط العطاء.

ب- إعادة التذكير بالأدوار.

ج- تحديد المواد التي ستدخل في إنتاج السلعة (الكيس) .

د- حساب كلفة إنتاج الكيس (الكلفة والتسعير).

هـ- تأمين المواد اللازمة للإنتاج من السوق (مدير المشتريات) .

و- المباشرة بعملية الإنتاج.

ملاحظة هامة للمعلم:

أكد للطلاب أهمية التروي عند حساب الكلفة وتفعيل دور مدير المشتريات.

للشراء آداب كما للبيع

لائحة بالمواد اللازمة للإنتاج *

(كيس من الورق)

الرقم	الصنف	الوحدة	سعر الوحدة		الكمية المطلوبة	الكلفة
			فلس	دينار		
1	خيط قنب					
2	مشرط					
3	مقص					
4	لاصق ورقي					
5	صمغ					
6	خيط رفيع					
7	ورق ملون					
8	ورق ساده					
9	قلم رصاص					
10	قلم تخطيط					
11	شبر					
12	خشب رفيع					

الكلفة الإجمالية لإنتاج كيس واحد =

* المواد الموجودة في هذه اللائحة تدخل في إنتاج السلع الثلاث وهي الكيس الورقي والطبق الطائر وبطاقات المعايدة. وتوزع هذه الورقة على الطلاب بحجم (A4).

لائحة تسعير على أساس كيس واحد

البنود	المبلغ	
	فلس	دينار
الكلفة المباشرة		
الكلفة غير المباشرة		
الكلفة الإجمالية الصافية (1)		
سعر البيع (2)		
الربح (2-1)		

27) امنح الشركات من (40-50) دقيقة لإنهاء عملية إنتاج الكيس.
28) ذكر الطلاب (بالسوق) الطاولة التي عليها المواد وأنها أي الطاولة تمثل السوق الذي نبتاع منه المواد اللازمة للانتاج، وذكر بدور مدير المشتريات في هذه المحطة من محطات الإنتاج (ثبت على طاولة السوق لوحة دكان أبو العز).
29) ذكر الشركات بضرورة إحكام الالتزام لجعل هذا النشاط أقرب ما يكون إلى الواقع الفعلي للشركات من حيث:
- ✓ دراسة الكلفة
- ✓ شراء ما يلزم فقط مع اتباع سياسية التقليل من الهدر.
- ✓ السوق لا يبقى مفتوحا لهم في القاعة عليهم فقط أخذ ما يلزم منه.
- ✓ السرعة والدقة في الإنتاج والالتزام بشروط العطاء.
- ✓ توزيع الأدوار توزيعا جيدا بين أفراد الشركة الواحدة وأن لا يكون الإنتاج والعمل حكرا على عدد من الطلاب بل ضمان أن يكون لكل عضو دورا في الإنتاج وعبر جميع مراحل إنتاج السلعة الواحدة.

30) ذكر الشركات بالوقت فنشاط الإنتاج مهم ومن المحتمل أن يستهلك وقتا أكثر مما هو مقدر لذلك، ذكر غير مرة بالوقت خوفا من تأثر أوقات الأنشطة اللاحقة.
31) أعلن في الوقت المناسب عن انتهاء وقت الإنتاج.

حان الآن تقديم المسابقة رقم (2). المسابقة للشركة الواحدة كفريق وليس كفرد. تمنح الشركة الفائزة كيس حوافز عدد واحد.

قائمة مراجعة رقم (3)

- شرحت أهداف نشاط الإنتاج (إنتاج السلعة المطلوبة).
- تعرفت الشركات على مواصفات عطاء مؤسسة حماية البيئة.

- تم تحديد السلعة المراد إنتاجها.
- كتبت شروط العطاء على ورقة كبيرة.
- وضحت المفاهيم الأساسية لحساب الكلفة والتسعير.
- باشرت الشركات بعملية الإنتاج.
- قامت الشركات بمسك النماذج المطلوبة.
- إنتهت الشركات من إنتاج السلعة.

إلى المرحلة القادمة.

32) اطلب الى الشركات الاستعداد للنشاط القادم وهو نشاط (العرض والتقديم). أعلم الشركات أن لكل شركة(5) دقائق لعمل ما يلي:

- ✓ إرسال مدير التسويق ومساعده إن لزم.
- ✓ يحضر مدير التسويق اللافتة التي عليها اسم وشعار الشركة مع السلعة المنتجة.
- ✓ لكل شركة (5) دقائق لعرض إنتاجها.

ملاحظة للمعلم:

نشاط عرض الشركات يمثل حصيلة جهدها ، ومن هنا نذكر أن العرض يتم أمام الجميع لأغراض تعليمية، وتنافسية، مع التذكير أن ذلك لا يتم في واقع عمل الشركات الفعلي حيث يتم تقديم العروض والإنتاج بطريقة خاصة غير علنية.

وفيما يلي بعض الإرشادات المتعلقة بجانب العرض:

أ- يمكن للمعلم الطلب من بعض الأشخاص لعب دور لجنة استقبال الشركات والاستماع لعروضها.

ب- ضرورة التزام الشركات بفترة العرض المحددة(5) دقائق.

ج- إذا لم ترغب أي من الشركات بإعلان سعر البيع فإن بإمكانها كتابة السعر على ورقة صغيرة وعدم الإعلان عنه أمام الجميع.

د- استمع جيدا لعرض كل شركة ولا تهمل أي عرض من العروض.

ه- ذكر أن الهدف هو هدف تعليمي بحت.

33) بعد انتهاء فترة عرض الشركات. اطلب الى جميع الشركات الالتزام بالهدوء والجلوس في مواقعها.

34) اطلب الى الجميع إعادة جميع المواد التي على طاولاتهم إلى دكان أبو العز والاحتفاظ فقط بالأقلام (أقلام الحبر) لملء نماذج التقييم.

35) وزع نموذج التقييم الختامي للورشة واشرح بنوده بشكل جيد .

36) اجمع النماذج من الطلاب عندما ينتهوا من ذلك .

37) إبدأ بتوزيع الشهادات على الطلاب.

38) قدم الشكر إلى جميع المشاركين والى الجهة التي استضافت عقد الورشة وإلى جميع من ساهم في فعالياتها.

تقييم ورشة مشروع العمر

اليوم: المدرسة:

التاريخ: الجامعة:

ترتيبات الورشة	ممتاز	متوسط	ضعيف
مكان عقد الورشة			
الأعداد والتجهيز			
الميسرون			
أسلوب إدراة الجلسات			
طرق ووسائل التدريب المستخدمة			
محتوى الورشة			
وضوح أهداف الورشة			
تقدمة المؤسسات المستضافة			
تقدمة الرياديون			
نشاط توزيع الأدوار			
نشاط إنتاج السلعة			
مدى استيعاب المواضيع الخاصة بالورشة			

أذكر أهم ما تعلمته من الورشة

ملاحظات عامة تفيدنا للورشات القادمة.

شكرا لكم

قائمة مراجعة رقم (4)

- ✓ تم تعريف الشركات بشروط العرض والتقديم
- ✓ قدمت الشركات وعرضت إنتاجها.
- ✓ تم إعادة جميع المواد المستخدمة.
- ✓ تم ملء نماذج التقييم وجمعت.
- ✓ جرى توزيع الشهادات على الطلاب.
- ✓ تم تقديم الشكر إلى جميع الأطراف.

الأعمال البعدية

Things To Do After The Workshop

زرعنا وحصدنا.. كانت فعلا ورشة رائعة.

1) جمع المواد المتبقية .

2) التأكد من جمع نماذج التقييم جميعها.

3) تفريغ نتائج نماذج التقييم.

المرفقات
مواد داعمة للمعلم

شكل يمثل الأطراف المختلفة لورشة مشروع العمر

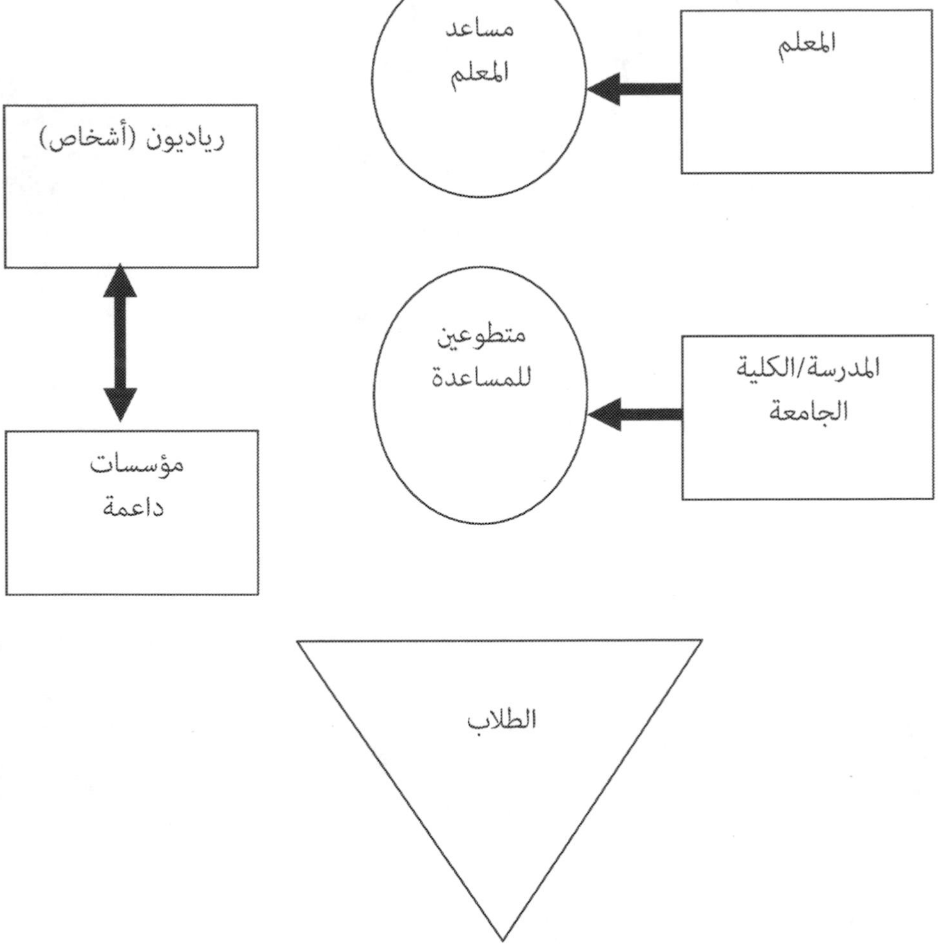

شروط/ معايير انتقاء الريادي

1) قبول للتطوع بالوقت والجهد.

2) له/ لها/ عمل/ برنامج اجتماعي /اقتصادي بارز معروف.

3) لديه/ لديها استعداد للحديث عن تجربته الخاصة أمام الطلاب.

4) يقدم موارد عن تجربته. (نشرات، ملصقات، بروشورات...الح).

5) يتقبل أسئلة الجمهور ويرد عليها.

6) يبسط بطريقة يفهمها الجمهور.

7) يظهر اتجاهات إيجابية عن العمل ويحمس غيره إليه.

طرائق التدريس النشطة في الورشة

إن الأسلوب الذي يتم فيه التعليم بهذه الورشة بطريقة التفاعل والتشارك ما بين المعلم والطلاب في جو قائم على الاحترام المتبادل بين الطرفين يعد أعظم فرصة للتعلم المتبادل. لكل طريقة من طرق التدريس النشطة دواعي لاستخدامها أو عدم استخدامها اعتمادا على طبيعة الطلاب، وعددهم، وأعمارهم. والموضوع، ومكان التعليم، حجم القاعة ..الخ، وفيما يلي أبرز طرائق التدريس النشطة:

أولا: لعب الأدوار .

الاستخدام:

* تستخدم طريقة لعب الأدوار في الحالات التي تستلزم إظهار السلوك الإنساني، وتحسين مهارات العمل مع الناس من خلال محاولة جعل الأطراف يعيشون هذه الحالة.
* تلعب المشاعر الإنسانية دور كبير في تمثيل الأدوار لذا فإنه من المحتمل أن يشعر المؤدون والمشاهدون بالحرج أو الاضطراب أحيانا، لذا يجب على الميسر- أن يكون مستعدا للتعامل مع هذه المواقف.

دور المعلم:

* شرح الدور للطلاب.
* عرض فكرة لعب الأدوار وأدائها على الطلاب.
* إعطاء التعليمات لكل مؤدي بالتفصيل.
* إتاحة الفرصة للنقاش الجماعي، ومشاركة المؤدون وباقي الطلاب لتشجيعهم على النقد البناء.

- قيام المعلم المسؤول عن الأداء بإجمال الملاحظات النهائية على الأداء مع إظهار الدروس المستفادة.

- مشاركة المعلم للمؤدين أثناء لعب الأدوار إذا دعت الحاجة.

ثانيا: عصف الأفكار

الاستخدام :

عصف الأفكار إحدى أهم طرائق التدريس التي تعمل على استشارة عقل الطلاب حول نقطة محددة وتحفيزهم لطرح أفكار مضيئة في محاولة من المعلم لاستخلاص نقاط هامة لها علاقة بالموضوع ويكون الجميع قد شارك في إبرازها.

دور المعلم:

قد يقوم المعلم بطرح سؤال معين ثم يبدأ بتجميع إجابات الطلاب وتدوينها على السبورة. أو اللوحات الورقية القلابة، واستخلاص الأفكار والنقاط التي لها علاقة بالموضوع، ولكن من المهم تذكر ما يلي:

1- يجب أن لا يعترض المعلم على أي إجابة من الطلاب وأن يسجلها كما هي .

2- حتى تتحقق الإفادة من عصف الأفكار يجب أن يتوفر جو:

- يخلو من إصدار الأحكام القيمية على أفكار الآخرين.
- يكون مفتوحا لتقبل أفكار الطلاب جميعهم.

3- يفضل أن تعطى فرصة وبشكل سريع للطلاب للتفكير قبل الإجابة على السؤال ويفضل أن يفكر كل أثنين معا.

4- أثناء تدوين الاجابات لا تدر ظهرك كثيرا للطلاب.

5- استخلاص المعلومات بطريقة تشاركية مع جميع الطلاب.

- أن عصف الأفكار طريقة ناجحة جدا لإثارة اهتمام الطلاب خاصة مع بداية الحصص التعليمية.

ثالثا: مجموعات العمل:

الاستخدام

تتوسع في هذا النوع من طرائق التدريس دائرة طرح الأفكار من خلال مجموعة من الطلاب يتم توكيل مهمة معينة لهم ليعملوا عليها لفترة محددة، ثم يقوم فرد من المجموعة بعرض هذا العمل أمام المجموعات الأخرى.

تشجع هذه الطريقة الطلاب على المشاركة وإبداء الرأي؛ خاصة الخجولين منهم، كما تنمي روح الفريق وتساعد على زيادة التنسيق بين أفراد المجموعة من خلال توزيع الأدوار بينهم، والذي يظهر مدى التفاعل فيما بينهم من خلال عملية النقاش وعرض العمل المنجز.

دور المعلم:

توضيح المهمة الموكلة لمجموعات العمل بشكل مناسب وتنسيق عملية النقاش والعرض.

- يجب توضيح هدف العمل للمجموعات قبل توزيعها، وتحديد وقت لانجاز المهمة، وما سوف يفعلونه بعد الانتهاء من عملهم كمجموعة (فريق).
- يفضل أن يكون عدد الأفراد في كل مجموعة من (5-6) أفراد حتى يتمكنوا من المشاركة والاستفادة من خبرات بعضهم.
- يفضل أن تكون مجموعات العمل متباعدة المسافة حتى لا تتدخل مجموعة في عمل المجموعة الأخرى أو تشوش عليها.
- إذا كان هناك أدوات سوف تستخدمها المجموعات في عملها فيجب أن يقوم المعلم بتوزيعها قبل البدء بالعمل.
- المساعدة إن لزم في توزيع الأدوار وأهمها (ميسر، مدون، عارض، موقت).

طرق توزيع مجموعات العمل:

1- التوزيع بطريقة التشكيل الحر.
2- التوزيع تبعا للتخصص.

3- التوزيع بطريقة العد.

رابعا: الحالة الدراسية:

الاستخدام:

إن أحسن الاستثمارات في حقل التعلم النشط هو جعل الأفراد يعيشون حالة واقعية ويساهمون في حل المشاكل العملية بطريقة إيجابية مما يزيد معه العائد المباشر للتعليم وبطريقة هائلة.,

إن الحالة الدراسية توفر أسلوب مشوق يدعو إلى المناقشة والتفاعل مع الآخرين كما يدعو إلى تبادل الآراء وتنفيذها، مما يقود المشارك إلى التفكير المبدع والخلاق، ويولد لديه قوة الخيال والابتكار مما يؤدي إلى تقارب الطلاب من بعضهم البعض وينمي فيهم روح التعاون من خلال تكاتفهم أثناء بحث المشكلة وإيجاد الحلول المناسبة لها.

دور المعلم:

استخدام الأسئلة المفتوحة من أجل:

- وصف المشكلة/ الوضع وجمع الحقائق من الطلاب.
- تحليل الأسباب ومناقشة الاحتمالات المختلفة.
- ربط الحالة بالواقع العملي للطلاب.

خامسا: المناقشة

الاستخدام :

تستخدم هذه الطريقة لزيادة ترسيخ موضوع ما في أذهان الطلاب، أو لزيادة ايضاح الأجزاء الصعبة، أو المهمة، أو لتبادل المعلومات والخبرات فيما بينهم عن طريق الحوار المفتوح.

دور المعلم:

يلعب المعلم دور المنسق لتبادل المعلومات والخبرات بين الطلاب ومن المهم تذكر:

- أنه يمكن أن تكون المناقشة في مجموعة كبيرة، أو مجموعات صغيرة.
- على المعلم أن لا يحتكر الحديث لوقت طويل.
- عامل الوقت مهم جدا لذلك ينبغي أن يكون هناك تخطيط وإعداد مسبق ودقيق .
- تجنب النقد الهدام.
- تشجيع الطلاب من خلال دعوة جماعية لأكبر عدد ممكن منهم للتحدث وإبداء الرأي والتعليق.
- التأكيد على الاحترام المتبادل بين الطلاب .
- إدارة النقاش والتدخل إذا دعت الحاجة حتى لا يخرج النقاش عن السيطرة.
- اختتام المناقشة بتلخيص للنقاط الرئيسة التي نتجت عن النقاش.

بعض مؤسسات تمويل المشروعات الصغيرة في الأردن

1- صندوق التنمية والتشغيل:

العنوان والهاتف: عمان، العبدلي، خلف مجمع الصايغ.

هاتف: 4618782 أو 4618851

نوع المؤسسة: حكومية.

أنوزاع القروض:

1. إقراض مشاريع منزلية بسقف 1500 دينار.
2. إقراض مشاريع فردية صغيرة بسقف 10.000 دينار.
3. إقراض مشاريع جماعية بسقف 100.000 دينار

مدة السداد القصوى: ست سنوات.

الفئات المستهدفة:

1- العاطلون عن العمل.

2- المؤهلون بحرفة أو مهنة أو حملة الشهادات العلمية.

3- المرأة.

4- المتقاعدون.

5- سكان الريف والبادية والمخيمات.

شروط الحصول على القرض:

1- أن يكون أردنيا عاطلا عن العمل من ذوي الدخل المتدني.

2- أن يكون مؤهلا بحرفة أو مهنة أو يحمل شهادة علمية.

3- أن يكون متفرغا للعمل في المشروع.

4- أن لا يكون مستفيدا من قروض الصندوق أو مؤسساته الوسيطة.

2- صدوق المعونة الوطنية:

العنوان والهاتف: عمان، جبل الحسين، ميدان جمال عبد النـاصر، خلـف مستشـفى الأمـل، هـاتف: 5667121

نوع المؤسسة: حكومية.

أنواع القروض:

1. إقراض مشاريع فردية صغيرة بسقف 4000 دينار.
2. إقراض مشاريع جماعية بسقف 40000 دينار.
3. قروض تعليمية بسقف 2000 دينار.

مدة السداد : عشر سنوات.

الفئات المستهدفة:

1- الفقراء العاطلون عن العمل.
2- العاجزون عجزا جزئيا لا يعيقهم عن العمل في المشروع .
3- أحد أفراد أسرة المسن.
4- أسر السجناء المحكومين.
5- الأرامل والأيتام والمشردين.

شروط الحصول على القرض:

1- أن لا يزيد دخل الأسرة الشهري عن 200 دينار.
2- أن لا يكون المقترض منتفعا أو مستفيدا من قروض صناديق العون الاجتماعي الأخرى.

3- **مؤسسة الإقراض الزراعي:**

العنوان والهاتف: عمان، العبدلي، قرب المستشفى الإسلامي.

هاتف: 5661105.

نوع المؤسسة: حكومية.

أنواع القروض:

1-إقراض مشاريع فردية صغيرة.

2-إقراض مشاريع جماعية.

3-إقراض مشاريع تعاونية.

مدة السداد القصوى: 15 سنة.

الفئات المستهدفة: العاملون في مجالات الانتاج الزراعي والحيواني والتصنيع الزراعي.

شروط الحصول على قرض:

1- أن يكون المقترض مالكا لأراض زراعية أو مستأجرا لأرض زراعية بموجب عقد إيجار على أن لا تزيد مدة القرض عن فترة الايجار.

2- أن لا يكون المقترض منتفعا أو مستفيدا من قروض صناديق العون الاجتماعي الأخرى.

3- أن تتوافر الجدوى الاقتصادية والفنية للمشروع.

4- أن لا يقل عمر المقترض عن 18 عاما.

4- **مؤسسة إدارة تنمية أموال الأيتام:**

العنوان والهاتف: عمان، عبدون، قرب مدارس فجر الصباح.

هاتف: 543431.

نوع المؤسسة: حكومية.

أنواع القروض:

1- إقراض مشاريع فردية صغيرة بسقف 10000 دينار.
2- إقراض لخدمات مختلفة كتمويل شراء السيارات الخاصة والبناء وغيرها.
3- الدعم النقدي للفقراء والجمعيات الخيرية.
4- قروض تعليمية للفقراء.

مدة السداد القصوى: سبع سنوات.

الفئات المستهدفة:

1- العاطلون عن العمل.
2- المؤهلون بحرفة أو مهنة.
3- الأفراد الراغبون بالحصول على تمويل لخدمات خاصة.

شروط الحصول على قرض:

1- أن يكون المقترض أردنيا.
2- أن يكون صافي راتب المدين يسمح باقتطاع قيمة القسط الشهري.
3- أن لا يقل عمر المقترض عن 18 عاما.

5- **المؤسسة العامة للإسكان والتطوير الحضري:**

العنوان والهاتف: عمان، جبل عمان، الدوار الثالث، بجانب وزارة التخطيط .
هاتف: 4644307
نوع المؤسسة : حكومية.
أنواع القروض:
1- إقراض مشاريع فردية صغيرة بسقف 1500 دينار.

مدة السداد القصوى: ثلاث سنوات.

الفئات المستهدفة:
1- العاطلون عن العمل.
2- المؤهلون بحرفة أو مهنة أو خريجي مراكز التدريب المهني.
3- أصحاب المشاريع الصغيرة القائمة ذات الحاجة للتطوير.

شروط الحصول على قرض:
1- أن يكون المقترض من المستفيدين من مشاريع إسكان المؤسسة.
2- أن يكون المشروع مجديا إقتصاديا وقابلا للاستمرار.
3- أن يقدم الضمانات المطلوبة .
4- أن يكون المشروع متوافقا مع الأنظمة والقوانين.

6- بنك الإنماء الصناعي/ صندوق الحرفيين:

العنوان والهاتف: عمان، جبل عمان، بجانب غرفة صناعة عمان .
هاتف: 4642216

نوع المؤسسة : شبه حكومية.
أنواع القروض:

1- إقراض مشاريع فردية صغيرة بسقف 10.000 دينار.

مدة السداد القصوى: سبع سنوات.

الفئات المستهدفة:

1- الحرفيون وأصحاب الصناعات الصغيرة والمتوسطة
2- أصحاب المهن الطبية.

شروط الحصول على قرض:

1- أن يكون المقترض من أصحاب الخبرة في مجال المهنة المطلوبة.
2- أن يكون المشروع مجديا واقتصاديا وقابلا للاستمرار.
3- أن يقدم الوثائق اللازمة مثل عقد الإيجار ورخص المهن.

7- وكالة الغوث وتشغيل اللاجئين الفلسطينيين

العنوان والهاتف: عمان، الشميساني الغربي، خلف محطة العتيبي للمحروقات.
هاتف: 5607194.

نوع المؤسسة : مؤسسة دولية تابعة للأمم المتحدة.
أنواع القروض:
1- إقراض مشاريع فردية صغيرة بسقف 7000 دينار.

مدة السداد القصوى: أربع سنوات.
الفئات المستهدفة:
1- اللاجئون الفلسطينيون العاطلون عن العمل والمسجلون لدى وكالة الغوث.
شروط الحصول على قرض:
1- أن يكون المقترض لاجئا فلسطينيا وعاطلا عن العمل.
2- أن يكون مؤهلا بحرفة أو مهنة أو يحمل شهادة علمية في مجال العمل المطلوب.
3- أن يكون المشروع مجديا اقتصاديا.

8- منظمة كير العالمية.

العنوان والهاتف: عمان، أم أذينة، شارع شط العرب، قرب السوق التجاري .
هاتف: 5527921

نوع المؤسسة : مؤسسة دولية.
أنواع القروض:

مدة السداد القصوى: سنتان.
الفئات المستهدفة:

1- العاطلون عن العمل من الشباب.
2- المرأة.
3- سكان المخيمات.

شروط الحصول على قرض:

1- أن يكون مؤهلا بحرفة أو مهنة أو يحمل شهادة علمية في مجال العمل المطلوب.
2- أن يكون المشروع مجديا واقتصاديا.
3- يتم منح القروض من خلال المؤسسات والجمعيات المحلية المعنية بالمنظمة.

9- مؤسسة الإسكان التعاونية:

العنوان والهاتف: عمان، الصويفية.

هاتف: 5933986

نوع المؤسسة : دولية.

مدة السداد القصوى:

أ- للقروض الفردية: 3 سنوات.

ب- للقروض الجماعية : 6 شهور.

أنواع القروض:

1- إقراض مشاريع فردية متوسطة بسقف 14000 دينار.

2- قروض جماعية تضامنية للمشاريع الصغيرة بسقف 150 دينار للفرد الواحد.

الفئات المستهدفة:

1- الفقراء والعاطلون عن العمل.

2- المرأة.

3- غير القادرين على الحصول على قرض من البنك.

شروط الحصول على قرض:

1- أن يكون المشروع قائما.

2- أن يكون المشروع مجديا اقتصاديا

3- أن يكون المقترض من ابناء محافظات الجنوب.

10- الصندوق الأردني الهاشمي للتنمية البشرية:

العنوان والهاتف: عمان، تلاع العلي، شارع المدينة المنورة.
هاتف: 5825241

نوع المؤسسة : تطوعية غير حكومية.

أنواع القروض: إقراض مشاريع فردية صغيرة بسقف 6000 دينار.

مدة السداد القصوى: 6 سنوات.

الفئات المستهدفة:
1- المؤهلون بحرفة أو مهنة.
2- العاطلون عن العمل.
3- أصحاب المشاريع الصغيرة.

شروط الحصول على قرض:
1- أن يكون أردنيا عاطلا عن العمل.
2- أن لا يقل عمر المقترض عن 18 سنة ولا يزيد عن 55 سنة.

11- مؤسسة نور الحسين:

العنوان والهاتف: عمان، الشميساني، شارع عبد اللـه بن العباس .
هاتف: 5606992

نوع المؤسسة : تطوعية.
أنواع القروض:
1- إقراض مشاريع فردية صغيرة بسقف 1000 دينار.
2- إقراض مشاريع جماعية بسقف 3000 دينار.

مدة السداد القصوى: ثلاث سنوات.
الفئات المستهدفة:
4- المؤهلون بحرفة أو مهنة.
5- الفقراء والعاطلون عن العمل.
6- المرأة.

شروط الحصول على قرض:
1- أن يكون أردنيا عاطلا عن العمل.
2- أن يكون المقترض مقيما إقامة دائمة في القرية.
3- أن لا يقل عمر المقترض عن 18 سنة ولا يزيد عن 55 سنة.
4- أن يتفرغ للعمل في المشروع.

12- الاتحاد العام للجمعيات الخيرية:

العنوان والهاتف: عمان، اللويبدة، قرب متنزه اللويبده.
هاتف: 4634001

نوع المؤسسة : أهلية تطوعية.
أنواع القروض: إقراض مشاريع فردية صغيرة بسقف 1000 دينار.

مدة السداد القصوى: سنتان.
الفئات المستهدفة:

1- العاطلون عن العمل.
2- الفقراء.
3- المرأة.

شروط الحصول على قرض:

1- الحاجة .
2- القدرة على إدارة المشروع.
3- القدرة على توفير ضمانات.

13- الشركة الأردنية لتمويل المشاريع الصغيرة:

العنوان والهاتف: عمان، جبل الحسين، شارع سكينة بنت الحسين.
هاتف: 5681385

نوع المؤسسة : تطوعية / منبثقة عن مؤسسة نور الحسين.

مدة السداد القصوى: خمس أشهر ويسدد القرض نصف شهريا.

أنواع القروض: إقراض مشاريع فردية صغيرة بحد أعلى 650 دينار.

الفئات المستهدفة: أصحاب المهن والحرف والمشاريع الصغيرة القائمة.

شروط الحصول على قرض:

1- أن لا يقل عمر المقترض عن 18 سنة ولا يزيد عن 60 سنة.
2- أن يكون المقترض مالكا للعمل وأن لا يزيد عدد العاملين عن 10 عمال.
3- أن يكون قد عمل في هذا المجال ما لا يقل عن سنة واحدة.
4- أن يقدم أسماء ثلاثة أشخاص يعرفونه معرفة جيدة.

عملية الشراء المتقن

- تحديد احتياجات الزبائن.
- اختيار أفضل الموردين.
- المحافظة على علاقات طيبة مع الموردين.
- استلام البضائع وفحصها.

أسباب فشل المشروعات.

نقص الخبرات.

عدم التخطيط .

التقدير الخاطئ عن حجم السوق.

نقص رأس المال.

بيع سلع سيئة.

سوء معاملة الزبائن.

غياب المتابعة.

أنواع الشركات

- المشروع (المؤسسة) الفردية.
- شركة التضامن.
- الشركة ذات المسؤولية المحدودة.
- شركة التوصية البسيطة.

الربح السنوي المتوقع

مجموع المبيعات السنوية المتوقعة - تكاليف المواد السنوية المتوقعة

= إجمالي هامش التمويل.

إجمالي هامش التمويل - التكاليف الأخرى السنوية المتوقعة

= الضرائب.

الربح قبل الضرائب - الضرائب = الربح الصافي

أنواع المشاريع

- مشاريع تجارية

- مشاريع صناعية

- مشاريع خدمية

الربح = المبيعات - التكلفة.

الربح المتوقع= المبيعات المتوقعة-التكاليف المتوقعة

المجموع الكلي للتكاليف=
مجموع تكاليف المواد + مجموع التكاليف الأخرى

مكونات المزيج التسويقي

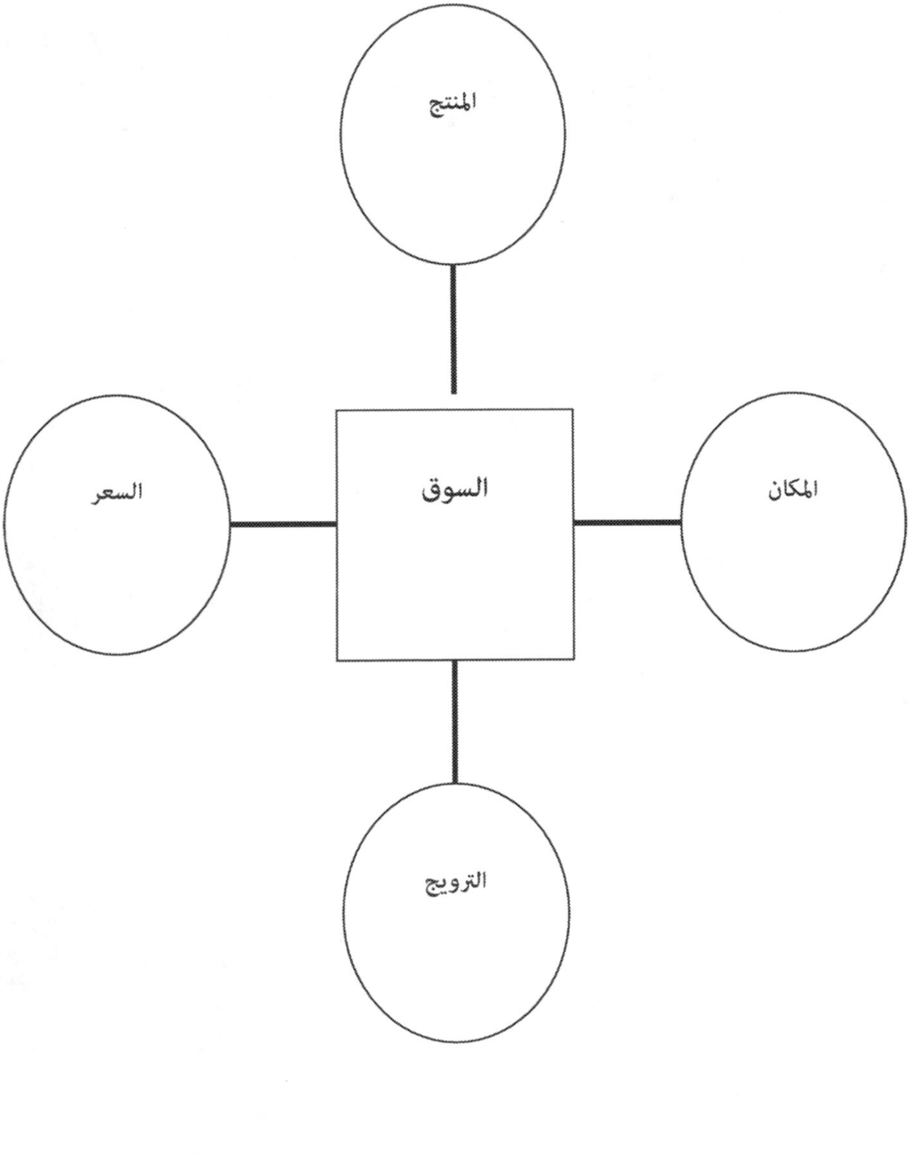

خط سير المراحل الرئيسة لورشة مشروع العمر

التسجيل وتوزيع المجموعات

الأهداف وقواعد السلوك

تأسيس الشركات وتوزيع الأدوار

تسمية الشركات وبناء الشعارات

تقدمة الضيوف الرياديون

استقبال العطاء وإنتاج السلعة

عرض إنتاج الشركات

التقييم والاختتام

مسابقة رقم (2)

مصطلح شائع يطلق لتفعيل دور الشباب في الاقتصاد والعمل والإبداع، مؤلف من مقطع واحد ومجموع حروفه (7) حروف ,

7+5 = عملة اليابان.
1+3+4 = بمعنى منزل.
2+6 = نحن بالإنجليزية

7	6	5	4	3	2	1

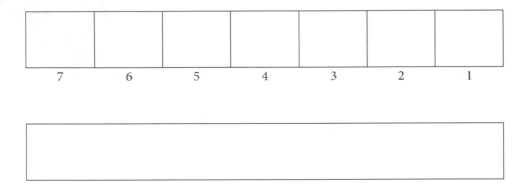

ورشة مشروع العمر

شارك ، اعمل ، تعلم

ملصق 50سم × 70سم

دكان أبو العز
محطة واحدة للتسوق
البضاعة التي تباع لا ترد ولا تستبدل
الدين ممنوع والعتب مرفوع
والرزق على اللـه

الإدارة
عزكو

ملصق 50سم × 70سم

أهداف ورشة مشروع العمر

- توفير فرصة عملية لاختبار قدراتنا الذاتية للعمل والانتاج.
- استكشاف التحديات الخاصة بعالم الأعمال.
- ممارسة قيم التعاون والتواصل الفعال.
- تشجيع المبادرات الفردية الريادية.
- التعلم عن حل المشكلات.
- استكشاف أفكار ريادية وإبداعية.

ملصق 50سم × 70سم

قواعد ورشة مشروع العمر

- الاستعداد للتعلم.
- الاستماع الفعال.
- المشاركة بأقصى طاقة ممكنة.
- المنافسة الايجابية.
- الالتزام بأوقات الأنشطة المحددة
- احترام عمل المجموعات الأخرى.
- إعادة المواد بعد استخدامها إلى المعلم.
- نقل الخبرات إلى الآخرين في مجتمعي المحلي.

ملصق 50سم × 70سم

المسابقة رقم (1)

مفهوم أساسي من مفاهيم ورشة مشروع العمر يتكون من كلمتين مجموع حروفهما 9 حروف.

بإمكانك الوصول إلى هذا المفهوم على النحو التالي:

1+5= مكان مرتفع

2+3= يعاقب على فعله الطلاب في الامتحانات.

4= حرف ي.

6+7+8+9= بمعنى شخصي.

9	8	7	6	5	4	3	2	1

من نشاطات ورشة مشروع العمر